PSICOLOGIA E PERSONALITÀ
6

Collana diretta
da Valerio Albisetti e Irina Palbo

EUGENIO FIZZOTTI

PER ESSERE LIBERI

Logoterapia quotidiana

edizioni paoline

Via Paolo Uccello, 9 - 20148 Milano
Distribuzione: Commerciale Edizioni Paoline s.r.l.
Corso Regina Margherita, 2 - 10153 Torino

INTRODUZIONE

Per gustare meglio le riflessioni e gli spunti offerti da questo libro, vale la pena spendere qualche riga sul suo autore. Fizzotti è sacerdote salesiano e psicologo, due « mestieri » per molti versi somiglianti tra loro. Inoltre egli è giornalista e pertanto ha il gusto della divulgazione. Naturalmente Fizzotti scrive da esperto di psicologia, e tutto sommato il libro è frutto di un'esperienza complessiva che l'autore affronta « sul campo » ogni giorno.

Nei suoi tre diversi ruoli Fizzotti ha la possibilità di scandagliare continuamente l'animo umano, direi di *stargli accanto*, seguendo centinaia di « casi umani », dai più semplici ai più disperati. È un osservatore curioso e al contempo un premuroso cireneo. Per anni è stato in giro per l'Italia, là dove il suo impegno religioso lo chiamava, sempre pronto a sistemare negli scatoloni i suoi libri (l'unica « proprietà » che si concede) e a partire. Da diversi anni ormai è approdato all'Università Salesiana di Roma, dove insegna psicologia della religione. Ma io ho visto Fizzotti, già studioso apprezzato, fare il parroco in un piccolo paese dell'Aspromonte e passare con disinvoltura dalle omelie destinate a vecchiette semianalfabete agli articoli per quotidiani e riviste, alle relazioni in convegni scientifici internazionali. E ogni volta con la stessa serietà e il medesimo entusiasmo.

Il fatto è che Fizzotti sa vedere l'*uomo nudo*, senza i fardelli che i condizionamenti sociali e culturali spesso impongono. L'uomo è l'uomo, e se può essere citato un comico in un contesto così serio direi con Totò che « ognuno comme a n'ato è tale e quale ».

Questo sguardo ai raggi X deriva a Fizzotti anche (o soprattutto) da un incontro che ha segnato la sua vita, dal punto di vista sia umano che professionale: quello con Viktor E. Frankl, uno dei grandi della scuola viennese di psichiatria. Del fondatore della logoterapia, Eugenio Fizzotti è divenuto prima allievo, poi amico, quindi collaboratore fidatissimo. Oggi si può dire che egli è, per « mandato » dello stesso Frankl, il rappresentante « ufficiale » della logoterapia in Italia. Un'esperienza scientifica che riscuote un interesse sempre crescente, poiché si propone come « metodo di cura per le nevrosi del nostro tempo ». In un convegno organizzato recentemente a Roma dall'Università Pontificia Salesiana, mille persone hanno gremito l'aula magna per seguire l'intervento di Frankl, oltre che quello, ovviamente, di Fizzotti e di altri suoi validi collaboratori. E questo perché la logoterapia è sperimentata sempre più per arginare i disagi tipici della società moderna, alimentati dal crescente senso di vuoto esistenziale e che sfociano a volte in drammi abissali, come il suicidio o la dipendenza dagli stupefacenti.

Fizzotti ha dunque tutta la competenza e la sensibilità per affrontare un discorso sulla libertà. Un tema che torna provocatoriamente alla ribalta. Nell'èra che ha visto crollare muri storici, che ha visto le nazioni liberarsi da barriere politiche e ideologiche considerate fino a poco tempo prima insormontabili, altre schiavitù vanno affermandosi: il sesso, la droga, il denaro, simboli di una società rivolta totalmente al *consumo* e che rischia così di perdere l'unica cosa davvero essenziale: l'anima. Parola che con Frankl potremmo tradurre anche in *coscienza*, intesa soprattutto come capacità di dare un senso alla propria vita, al proprio agire.

La libertà stessa è spesso ridotta a semplice bene di consumo. La pubblicità ci insegna che si può essere liberi usando uno shampoo, indossando un paio di jeans, acquistando un'automobile... Ma è un insegnamento che si ferma in superficie, poiché parla esclusivamente di una libertà *da* qualcosa e non anche *per* qualcosa. Lasciata in questa ambigua parzialità, la libertà si sciupa come una pianta cui manchi l'acqua, scivola pericolosamente verso il vuoto fino a trasformarsi in noia e in alienazione. È la noia che spesso segna i nostri weekend, le nostre vacanze, le nostre ore di *svago*, quando bisogna a tutti i costi « ammazzare il tempo ».

C'è poi una nevrosi che sta al polo opposto: è quella che nel libro è chiamata « malattia del dirigente », ma che non appartiene più soltanto a questa categoria. Sono pochi, in verità, coloro che riescono a sottrarsi ai ritmi infernali che la *vita moderna* impone. Bisogna produrre, poiché più si produce più aumenta il nostro potere, il nostro prestigio, la nostra sfera di influenza, la nostra ricchezza, la nostra popolarità. In quest'ottica l'essere è semplicemente il risultato delle cose-fatte, delle cose-realizzate. La vita ridotta a un'addizione, dove « il tempo è denaro » e anche i momenti di relax sono finalizzati all'ottenimento di un risultato algebrico il più elevato possibile.

Quanti fra noi hanno il coraggio di staccare la spina, di fermarsi, di riflettere per fare il punto sulla propria esistenza? Quanti fra noi si sforzano di riempire di significato ogni esperienza che la vita ci offre, comprese quelle più ordinarie o quelle più negative? Compresa l'esperienza del dolore e della sofferenza, che spesso noi uomini opulenti tendiamo a rimuovere, a cancellare, salvo poi trovarcela di fronte improvvisamente come un appuntamento sempre rinviato e che a un certo punto scopriamo inderogabile.

Molti, nell'accostarsi a questo libro, potrebbero domandarsi se esiste una ricetta *per essere liberi*. Spero di non deludere nessuno, ma credo che non bisogna affannarsi a cercare scorciatoie illusorie; ognuno ha, anzi *è* una storia a sé, unica e irripetibile, e ciò che per me è libertà per altri potrebbe rivelarsi schiavitù. Certo, Fizzotti in conclusione propone una visione di fede che dà certezze definitive. Per chi crede è la verità che rende liberi. Ma la fede è un tesoro nascosto nel campo della nostra vita che impone spesso una ricerca faticosa per essere trovato. In compenso un consiglio la logoterapia lo dà: mai scindere la *libertà* dalla *responsabilità*. Siamo davvero liberi se restiamo padroni di noi stessi, del nostro destino, consapevoli del ruolo che giochiamo istante per istante.

Enzo Romeo
Giornalista Rai

IL VIOLINO DI AUSCHWITZ E LE NEVROSI DI OGGI

« Poi, d'improvviso, vi fu silenzio. Un violino pianse un tango, d'una tristezza infinita; non era un motivo alla moda, non era banale... Il violino piangeva, mentre qualcosa piangeva anche in me ». - Nel Lager di Auschwitz Viktor E. Frankl maturò l'atroce esperienza che lo condusse alla scoperta della logoterapia, un metodo di cura per le nevrosi del nostro tempo. - La nostra epoca, presa dalla febbre produttivistica e consumistica, va perdendo il senso della vita e della sessualità. Il fenomeno ha investito anche i Paesi dell'Est e la gioventù studentesca del Terzo Mondo. - Ridare all'uomo valori e ideali da realizzare è il segreto per eliminare la nevrosi da frustrazione esistenziale. - Inflazione sessuale e vuoto esistenziale.

« Non dimenticherò mai che, nella seconda notte ad Auschwitz, mi svegliò dal profondo sonno della spossatezza il suono d'una musica: il capo del Lager aveva organizzato nel suo alloggio, accanto all'ingresso della baracca, un piccolo trattenimento. Voci d'ubriachi sbraitavano melodie di canzonette. Poi, d'improvviso, vi fu silenzio. Un violino pianse un tango, d'una tristezza infinita, non era un motivo alla moda, non era banale... Il violino piangeva, mentre qualcosa piangeva anche in me. Perché in quel giorno qualcuno compiva ventiquattro anni; questo qualcuno giaceva in una baracca del Lager di Auschwitz, a poche centinaia o migliaia di metri da me, ma irraggiungibile; questo qualcuno era mia moglie »[1].

Quando scriveva queste righe, Viktor E. Frankl era rientrato da pochi giorni a Vienna. Le truppe americane l'avevano liberato dall'inferno del Lager in cui era stato deportato, mentre il Terzo Reich crollava in una gigantesca rovina. La prima notizia che aveva avuto, dopo la liberazione, era stata terribile: tutta la sua famiglia distrutta. Gli restava soltanto la sorella. In nove giorni, con la voce rotta dal pianto, Frankl dettò i suoi racconti in un volume che voleva pubblicare anonimo, firmato solo con il suo numero di deportato: 119.104. Titolo: *Uno psicologo nei Lager*.

Ancora un libro sui campi di sterminio tedeschi, ma filtrato attraverso la preparazione scientifica e la sensibilità di uno studioso come Frankl, non alla ricerca del particolare macabro, bensì alla ricerca dell'uomo nella sua più tragica esperienza.

« In questo libro — ha scritto uno dei maggiori psicologi, Gordon W. Allport — il dottor Frankl narra l'esperienza che lo condusse alla scoperta della logoterapia. Durante la sua lunga prigionia in un bestiale Lager, gli fu sottratta ogni cosa, tranne la nu-

[1] V. E. Frankl, *Uno psicologo nei Lager*, prefaz. di G. W. Allport, G. Marcel e G. Torellò, trad. it. Milano 1991^{6}, p. 82.

da esistenza. Suo padre, sua madre, suo fratello e sua moglie morirono nel campo di concentramento o furono subito inviati nella camera a gas... Come poté trovare la vita ancora degna di essere vissuta? Gli tolsero ogni suo avere, subì la distruzione di tutti i valori, soffrì fame, freddo e brutalità, attese la morte ora per ora. Lo psichiatra che ha personalmente raggiunto questo estremo — prosegue Allport — è uno psichiatra degno d'essere ascoltato. Se mai qualcuno potrà vedere la nostra condizione umana con saggezza e compassione, questi è il dottor Frankl. Le sue parole hanno un suono profondamente onesto: sono lo specchio di esperienze troppo profonde per poter ingannare »[2].

L'uomo Frankl

Il 26 ottobre 1991 ho accompagnato Frankl a Düsseldorf. Il celebre psichiatra era stato invitato a tenere una conferenza su un tema quanto mai attuale: « L'inflazione sessuale e l'odierna frustrazione esistenziale ». Il grande mito del nostro tempo: il sesso. E il dramma più antico e profondo dell'uomo: la ricerca del senso della vita. Un senso che oggi pare smarrito. Per questo subentrano un vuoto e una frustrazione che intaccano l'esistenza alle radici. E la vita scolorisce, non ha più interesse.

Il fondatore della logoterapia, un metodo di cura per le nevrosi dell'uomo di oggi, non ha bisogno di essere presentato. Le sue opere vengono lette con interesse sempre crescente, la sua presenza è richiesta

[2] G. W. Allport, *Il segreto della sopravvivenza*, prefaz. all'ed. americana di V. E. Frankl, *Uno psicologo nei Lager* cit., pp. 10-11.

dagli organismi scientifici più quotati, in tutto il mondo. Lo si può incontrare ad Harvard, a Roma, a Oslo, a Lipsia, a Londra, a Praga, a Sydney. Il fatto che alcune intuizioni fondamentali della logoterapia siano in piena corrispondenza con i bisogni dell'uomo del nostro tempo contribuisce a dare importanza e attualità alla sua persona e alle sue teorie. I suoi metodi di cura sono usati con successo dall'Austria al Giappone, dai Paesi dell'Est al Sudafrica.

Frankl è uno psichiatra e filosofo in cui la riflessione, l'esperienza personale e il diuturno contatto con i malati si fondono in una unità che forse non ha pari nella storia contemporanea delle scienze umane.

L'incontro con Frankl non ha, per chiunque lo avvicini, il carattere rigidamente accademico che rivestono ancora oggi i contatti con la cultura ufficiale del Centro Europa. Frankl possiede una carica umana disarmante, una cordialità e una sincerità contagiose, che i malati soprattutto avvertono come una immediata riconciliazione con la vita. L'intrecciarsi in lui di una lunga pratica clinica, della tragica esperienza nei campi di concentramento tedeschi, di un costante studio e di un contatto ininterrotto con le più diverse società del nostro tempo, a mezzo della sua instancabile attività di conferenziere, rende il suo pensiero e la sua parola di un'aderenza al reale e di un senso dell'uomo che non possono non sorprendere e persino sconcertare.

Bisogna conoscere l'uomo Frankl, perché egli non è un comune uomo di scienza né un corrucciato filosofo né un profeta fanatico. Eppure da lui possono attingere molte salutari lezioni il medico generico e lo psicoterapeuta, il pensatore e il sacerdote, tutti coloro ai quali premono le sorti dell'uomo di oggi.

« Della città di Freud, ma non del tempo di Freud »

Viktor Frankl ha diretto per oltre un trentennio il dipartimento di neurologia del Policlinico di Vienna. È stato presidente della Società Medica Austriaca di Psicoterapia, professore di psichiatria e neurologia all'Università di Vienna, direttore dell'istituto di logoterapia all'Università di San Diego, in California. Membro onorario dell'Accademia Austriaca delle Scienze, ha scritto ventisette libri, tradotti in venti lingue, tra cui il cinese e il giapponese, oltre il greco e l'ebraico. Il volume più significativo della produzione letteraria di Frankl resta *Uno psicologo nei Lager* (più di quattro milioni di copie nella sola edizione americana), che costituisce la migliore introduzione alla sua opera per il non specialista — diciamo pure per l'uomo della strada —, ma anche per ogni uomo colto calato nella realtà quotidiana. Il resoconto toccantissimo della sua tragica esperienza nei Lager nazisti è senza dubbio uno tra i più significativi della letteratura psicologica di tutti i tempi.

Frankl è « della città di Freud, ma non del tempo di Freud ». Ciò vuol dire che la sua concezione dell'uomo è completamente diversa da quella del fondatore della psicoanalisi. Infatti la logoterapia (la « terza scuola viennese di psichiatria », secondo alcuni) supera i dati sia della psicoanalisi freudiana sia della psicologia individuale di Adler. La logoterapia, andando al di là del complesso di Edipo e del sentimento di inferiorità, vede l'uomo rivolto verso valori da realizzare, compiti da adempiere, ideali da tradurre progressivamente nella pratica.

Essere o fare?

La nostra epoca, immersa in problemi economici, produttivistici e consumistici, va perdendo il senso della vita e, conseguentemente, anche l'autentico valore della sessualità. Si constata come sia venuta meno una visione dell'uomo che consenta di affrontare tutti i problemi relativi all'esistenza umana da un punto di vista globale, che tenga conto di ciò che l'uomo è, prima ancora di ciò che l'uomo dovrebbe fare. Oggi i problemi umani vengono affrontati più in chiave di « fare » che non in chiave di « essere ». In altri termini si potrebbe dire che oggi l'uomo sta dimenticando chi egli sia, sta smarrendo se stesso.

Si scivola così insensibilmente, ma inesorabilmente, in un senso di assurdità, di sfiducia, di insoddisfazione, di vuoto. Un abbozzo di diagnosi di tale fenomeno spinge a ricercarne le cause: esse vengono individuate non solo nel dilagante conformismo e totalitarismo, ma anche in un indottrinamento nichilista e riduzionista, che vede nell'uomo *nient'altro che* un fascio di istinti e nei valori *nient'altro che* meccanismi di difesa. In tale prospettiva non meraviglia affatto la profonda frustrazione esistenziale in cui piomba improvvisamente l'uomo che vede la sua esistenza destituita di qualsiasi significato. E, come risposta all'assurdità e al vuoto, trova legittimo posto il suicidio.

Perché l'uomo possa riprendere terreno è indispensabile una visione antropologica che consideri fondamentale la ricerca di significati, di valori, di contenuti autentici. La posizione di Frankl si inserisce adeguatamente in questo discorso, presentando un'immagine dell'uomo in perenne movimento, teso alla realizzazione di un compito personale e con i caratteri dell'originalità e dell'irripetibilità, frutto della libertà vera che nessuno può conculcare, nonostante tutti i condizionamenti cui si è sottoposti. La vita, allora, appare non più come qualcosa da cui fuggire, ma come una realtà da vivere intensamente, anche nei suoi aspetti drammatici, come un bene da non lasciarsi scappare, da non gettar via, come un compito personalissimo e originale che ciascun individuo, ed esso soltanto, può realizzare.

« Ogni epoca ha la sua nevrosi »

C'è un'affermazione di Frankl che mi ha colpito non poco: « Ogni epoca ha la sua nevrosi e ogni epoca necessita di una sua psicoterapia »[3]. Qual è la nevrosi che maggiormente corrisponde ai nostri giorni? Può essere classificata secondo i parametri a noi offerti dalla tradizione psichiatrica oppure oltrepassa ogni limite, situandosi in una sfera più intima ed esistenziale? La nevrosi dei nostri giorni può essere accostata con i tradizionali metodi psicoterapeutici oppure, pur ammettendo gli indiscutibili meriti della psicoanalisi di Freud e della psicologia individuale di Adler, invoca un trattamento riumanizzato, più attento alla dinamica esistenziale dell'uomo, al suo anelito a una vita significativa, alla ineliminabile tensione tra l'essere e il dover essere?

Frankl riporta un brano da una lettera inviatagli da uno studente americano: « Ho ventidue anni, ho raggiunto un buon titolo di studio, possiedo una lus-

[3] V. E. Frankl, *Alla ricerca di un significato della vita. Per una psicoterapia riumanizzata*, prefaz. di E. Fizzotti, trad. it. Milano 1990[3], p. 13.

suosa automobile, sicurezza finanziaria, la disponibilità di una potenza sessuale e un buon prestigio, maggiore di quanto mi occorra. Adesso devo solo spiegarmi che cosa significhi tutto questo »[4]. Mi pare che molti giovani studenti potrebbero a buon diritto apporre la loro firma in calce a una simile lettera. Non è esagerato, infatti, affermare che la gioventù studentesca dei nostri giorni è dominata dal problema radicale di una determinazione di fondo e del sentimento autentico della vita.

Ma non sono soltanto i giovani ad avere l'esclusiva. Molte inchieste confermano che alte percentuali di adulti lamentano una sensazione abissale di mancanza di significato ultimo. Anche studiosi ortodossi di psicoanalisi, come pure di estrazione marxista, rilevano all'unanimità che sempre più sono coloro che, alla base di disturbi psichici, hanno un sentimento di mancanza totale di contenuto circa la loro vita. Con espressione caustica il dottor Vymetal, cecoslovacco, ha affermato che il vuoto esistenziale attraversa le frontiere che separano i Paesi dell'Est da quelli occidentali senza bisogno di passaporto. Infine uno studio di Louis Klitzke[5] ha confermato che nel Terzo Mondo, almeno tra la gioventù studentesca, il vuoto esistenziale si presenta in forme molto chiare e rilevanti.

[4] *Ibid.*

[5] L. Klitzke, *Students in Emerging Africa: Humanistic Psychology and Logotherapy in Tanzania*, in *American Journal of Humanistic Psychology*, 9 (1969), pp. 105-126. Si veda anche, dello stesso autore, *Logotherapy in Tanzania*, in *The International Forum for Logotherapy*, 4 (1981), n. 2, pp. 83-88.

La frustrazione esistenziale

Come si rappresenta Frankl l'insorgere di tale vuoto esistenziale? Ecco le sue espressioni: « Contrariamente all'animale, l'uomo non ha impulsi e istinti che gli indichino automaticamente tutto ciò che deve fare e, contrariamente all'uomo del passato, l'uomo di oggi non ha più valori e tradizioni che gli dicano ciò che dovrebbe fare. Assai spesso, dunque, egli non sa ciò che fondamentalmente vuole fare ed è esposto a un grave pericolo: o desidera fare ciò che fanno gli altri... oppure fa ciò che gli altri desiderano o comandano che faccia ».

Il sentimento di vuoto e di assurdità nella propria vita conduce l'uomo alla malattia, alla nevrosi. Frankl parla di uno specifico nevroticismo, che definisce « nevrosi noogena ». Contrariamente alla nevrosi nella sua più stretta accezione e che per definizione rappresenta un'affezione psicogena, una tale nevrosi non può essere ricondotta a complessi e conflitti nel senso classico: « Essa piuttosto deriva da conflitti morali; da problemi di coscienza, da collisione di valori e, *last but not least*, da una frustrazione esistenziale, la quale, una volta o l'altra, può ripercuotersi e manifestarsi in sintomi nevrotici ».

Alcune statistiche condotte in diversi Stati americani forniscono i seguenti risultati: tra le migliaia di studenti interpellati, appartenenti a 48 università statunitensi, il 16 per cento vede quale scopo primario da raggiungere nella vita il « guadagnare quanto più danaro possibile », mentre il gruppo più numeroso — si tratta del 78 per cento — desidera « trovare un significato nella propria vita »[6]. E sono in-

[6] V. E. Frankl, *Alla ricerca di un significato*... cit., p. 16.

teressantissimi i risultati forniti da Elisabeth Lukas[7], una giovane psicologa viennese, la quale ha interrogato 1340 persone, approntando un apposito test per diagnosticare esattamente la frustrazione esistenziale, allo scopo di elaborare nuove modalità di intervento non solo a livello terapeutico, ma anche a livello profilattico. Ebbene, tra i 90 risultati parziali della ricerca, basta richiamare questo: tra i frequentatori del Prater viennese, il famosissimo parco dei divertimenti, l'indice oggettivo di frustrazione esistenziale è in maniera significativa più elevato che non tra la popolazione media della città. Ciò vuol dire che l'*homo ludens*, colui che cerca di stordirsi nel gioco e nel piacere, alla fin fine è un uomo frustrato: la sua motivazione primaria, ossia la volontà di significato, è stata soffocata dal senso di assurdità e di vuoto[8].

L'estasi chimica, surrogato di felicità

Nella tesi dottorale della studentessa americana Annemarie von Forstmeyer si dimostra che il 90 per cento dei casi cronici di alcolismo esaminati è da riportare a un sentimento di mancanza di significato[9]. Disperato e incapace di trovare un « perché vivere », l'uomo cerca un surrogato di felicità nel bere[10]. Lo stesso si può dire per i fumatori incalliti e

7 E. Lukas, *Logo-Test. Test zur Messung « existentieller Frustration »*, Wien 1986.

8 Cfr. Id., *Zur Validierung der Logotherapie*, in V. E. Frankl, *Der Wille zum Sinn. Ausgewählte Vorträge über Logotherapie*, München 1991, pp. 283-316.

9 A. von Forstmeyer, *The Will to Meaning as a Prerequisite for Self-Actualization*, tesi dottorale, California Western University 1968.

10 In proposito è interessante leggere: G. Froggio, *Un male oscuro. Alcolismo e logoterapia di V. E. Frankl*, Milano 1987; J. C. Crumbaugh, *Treatment of Problem Drinkers*, in *The International Forum for Logotherapy*, 3 (1980), n.

più ancora per coloro che fumano marijuana. Gli psichiatri Glenn D. Shean e Freddy Fechtmann hanno esaminato numerosissimi casi di tali esperienze sconvolgenti[11]. I giovani, dopo aver rinnegato tutto ciò che li circonda, sentono il bisogno di colmare il vuoto esistenziale che si è venuto a creare ricorrendo ad artefatti: tra essi predomina la ricerca di estasi e di stati allucinatori, nei quali affermano di avvertire il principio dell'esistenza. Ricerche simili tra i drogati sono state condotte da Betty L. Padelford in un centro di riabilitazione mediante l'applicazione dei principi della logoterapia a giovani tossicomani. La percentuale dei guariti è del 40 per cento[12]. Perfino la delinquenza giovanile risulta notevolmente ridotta nei ragazzi curati nei centri di riabilitazione diretti da specialisti in logoterapia[13]. Anche James C. Crumbaugh, nei suoi studi specializzati[14], dimostra che la terapia di gruppo riesce in misura notevole nei casi di frustrazione esistenziale, quando la si applichi tenendo conto delle premesse teoriche e pratiche della logoterapia di Frankl. In Italia, infine, alcuni ricercatori hanno condotto una serie di inchieste[15], con

1, pp. 17-18; Id., *Logotherapy: New Help for Problem Drinkers*, in *The International Forum for Logotherapy*, 4 (1981), n. 1, pp. 29-34; R. R. Hutzell, *Logoanalysis for Alcoholics*, in *The International Forum for Logotherapy*, 7 (1984), n. 1, pp. 40-45.

[11] Cfr. G. D. Shean - F. Fechtmann, *Purpose in Life. Sciences of Student Marjhuana Users*, in *Journal of Clinical Psychology*, 26 (1971), pp. 112-113.

[12] Cfr. V. E. Frankl, *Alla ricerca di un significato*... cit., p. 18.

[13] *Ibid*.

[14] Cfr. J. C. Crumbaugh, *Everything to Gain. A Guide to Self-Fulfilment Through Logoanalysis*, Chicago 1973.

[15] Cfr. G. Del Core, *Giovani, identità e senso della vita. Contributo sperimentale alla teoria motivazionale di V. Frankl*, Palermo 1990; M. Finotelli - I. Todoric, *Tensione esistenziale e progettualità*, tesi di laurea in psicologia, Università Salesiana, Roma 1986; P. Marinello, *L'adattamento italiano del logotest di E. Lukas*, tesi di laurea in psicologia, Università Salesiana, Roma 1990; L. Piano, *L'atteggiamento dei giovani verso la morte in relazione al significato della vita*

l'ausilio di test già comprovati e convalidati, per scoprire l'indice di frustrazione esistenziale in varie categorie di persone e le diverse possibilità di intervento, in base appunto agli indirizzi di riumanizzazione e di riscoperta del compito personale e originale di ciascuno, secondo la prospettiva di Frankl.

e al tipo di religiosità, tesi di laurea in psicologia, Università Salesiana, Roma 1989; G. Righetti, *Suicidio e significato della vita. L'approccio psicometrico del Purpose-in-Life Test*, tesi di laurea in psicologia, Università degli Studi, Roma 1982.

LA DANZA DEL MAIALE D'ORO

« La danza del maiale d'oro »: così Frankl chiama l'attività dell'industria che fa leva sul filone d'oro del sesso e della pornografia. - « Noi psichiatri — aggiunge Frankl — veniamo ognor più a contatto con pazienti che, sotto la spinta dell'opinione pubblica, manipolata egregiamente da tale industria dell'informazione, si sentono obbligati a occuparsi del sesso in se stesso, e quindi nella prospettiva di una sessualità spersonalizzata e disumanizzata ». - Nel vuoto esistenziale cresce enormemente la disposizione a reazioni sessuali nevrotiche. - « La sessualità viene svalutata perché è stata disumanizzata », ribadisce il celebre psichiatra viennese. - Spento il rosso e il verde, « viviamo in un'epoca di luce gialla lampeggiante, che lascia all'individuo il peso della decisione ».

Viviamo in un'epoca di inflazione sessuale. Il sesso commercializzato, banalizzato, confezionato sotto cellophane, reclamizzato negli "annunci" delle riviste per soli uomini o per sole donne. Sesso al cinema. Sesso a teatro. È in progetto anche il primo circo sexy. « Il piacere più grande che si possa dare a una persona — scrive la rivista *Oui* nel suo primo numero programmatico — è il piacere carnale, soltanto il piacere carnale. Noi siamo aperti a questo genere di suggestioni con la presentazione di foto, pitture, racconti, vignette e ogni altra cosa che le possa favorire ».

« La sessualità — dice il dottor Michel Deguy — costituisce il tema e il tono fondamentale di tutte le rappresentazioni: l'arte, la pubblicità ne sono sature. La sessualità si dà come spettacolo, anzi è diventata lo spettacolo per eccellenza. Il concetto di salvezza, tradotto in termini laici, significa "realizzazione di se stesso". L'uomo di oggi si lascia convincere che la sua autenticità, il suo essere se stesso, dipenda dalla riuscita sessuale. E poiché gli elementi di questa riuscita sono piuttosto vaghi, interviene la letteratura e propone dei tipi ideali: basta sfogliare *L'amante di Lady Chatterley* o *Il riposo del guerriero*. La donna ha preso coscienza del fatto che il proprio "realizzarsi" dipende dalla qualità del proprio godimento »[1].

E intanto sono in aumento la frigidità femminile e l'impotenza maschile. Gli studi di psicologi e psichiatri sono affollati di clienti che cercano di risolvere le loro nevrosi sessuali.

C'è un corridoio sotterraneo che collega l'inflazione sessuale e l'attuale frustrazione esistenziale, afferma Viktor E. Frankl. « Solo in un vuoto esistenziale può attecchire e lussureggiare la libido sessua-

[1] V. E. Frankl, *The Depersonalization of Sex*, in *Synthesis*, 1 (1974), n. 1, pp. 7-11.

le »[2]. Allorché, cioè, il vuoto esistenziale si trova in uno stato di ipertrofia, cresce a dismisura la disposizione a reazioni sessuali nevrotiche. Come la felicità non può costituire il fine delle aspirazioni umane, ma piuttosto una manifestazione laterale dell'aver raggiunto il proprio scopo, quindi un "effetto" secondario, così è anche per il piacere sessuale. « Quanto più si ricerca il piacere, tanto meno lo si raggiunge »[3]. Tale affermazione viene confermata in Frankl dalla decennale esperienza in campo clinico: « Con tutta onestà sento di poter affermare che i disturbi della potenza e dell'orgasmo, nella maggioranza dei casi, sono da ricondurre a questo modello di reazione: la sessualità, cioè, è disturbata nella misura in cui si rinforza la sua intenzione e si concentra su di essa l'attenzione »[4]. Ciò avviene quando si porta un'attenzione particolare alla relazione sessuale, alle proprie reazioni organiche. « Quanto più si distoglie l'attenzione dal proprio partner e la si rivolge all'atto sessuale in se stesso, tanto più il rapporto sessuale è handicappato. Questo lo si osserva in tutti quei casi nei quali i nostri pazienti uomini pongono in prima linea la dimostrazione della loro potenza, mentre a loro volta le pazienti ripongono il primario interesse nel provare a se stesse di essere effettivamente capaci di orgasmo e di non essere in fin dei conti frigide »[5]. Così, certi casi di disturbi possono essere riportati a una concezione della sessualità che è del tutto indifferente al partner. I casi di masturbazione, poi, manifestano indifferenza non solo alla persona, ma an-

[2] Id., *Alla ricerca di un significato*... cit., p. 21.
[3] *Ibid.*
[4] *Ibid.*
[5] *Ibid.*

che all'intenzionalità intera dell'amore. Qui manca qualsiasi "oggetto" verso il quale dirigersi: ne segue in maniera naturale quel senso di sordo avvilimento di cui si lamentano generalmente i pazienti.

Come si nota, l'oggetto principale, in tutti questi casi, non è la donazione a un altro essere umano, ma il soddisfacimento delle proprie esigenze e il piacere, anche se per brevi istanti. C'è quindi una intenzione eccessiva, una ipertensione, cui si aggiunge una iperattenzione, un'osservazione su se stessi al fine di dimostrare fino a che punto si è capaci di essere effettivamente potenti o, nel caso delle donne, di provare in profondità l'orgasmo.

« Un tale pericolo incombe in misura maggiore perché la sessualità si radica profondamente nel vuoto esistenziale. Attualmente noi ci troviamo confrontati con una inflazione sessuale la quale, come avviene per ogni inflazione, anche in campo monetario, è associata a una svalutazione: la sessualità viene svalutata perché è stata disumanizzata. Tutto ciò per la semplice ragione che il sesso umano è sempre qualcosa di più del mero sesso. E questo nella misura in cui, sul piano umano, costituisce un veicolo di una relazione personale, transessuale »[6]. Chi desidera una sessualità sana deve fare in modo che essa sia una sessualità umana. E questo avviene allorché ci si pone al di là della pura sessualità, quando esiste quale premessa indispensabile un incontro personale. Frankl indica tre gradi nello sviluppo della sessualità umana: inizialmente appare la spinta sessuale senza alcun oggetto, unicamente rivolta alla distensione, alla scarica; più tardi tale spinta acquista un fine impulsivo

[6] *Ibid.*

e in seguito, partendo da una relazione umana d'amore, l'oggetto impulsivo. Coloro che hanno alle spalle repressioni nel corso dello sviluppo psicosessuale restano legati unicamente al livello istintuale; in precedenza erano i consumatori della prostituzione, ora sono i consumatori della promiscuità. Ma, laddove viene a mancare il fine impulsivo e rimane solo la spinta verso la distensione, verso la scarica, si ha a che fare con i masturbatori, con gli onanisti, con i consumatori della pornografia.

La disintegrazione della sessualità

La sessualità è disumanizzata quando non è espressione di un incontro personale, ma piuttosto semplice mezzo allo scopo di un piacere passeggero e fallace o di una pura riproduzione biologica. Ciò può avvenire anche quando si tenta di costringere una relazione umana e personale in uno schema professionale preconcetto, una specie di letto di Procuste, in cliché determinati quali "tensione repressa" oppure "mera sublimazione", solo perché si rifiuta la realtà non appena essa sorpassa l'ambito delle semplificazioni. « Sarebbe tutto a vantaggio di coloro ai quali non resta altro che il piacere e il godimento sessuale se essi si preoccupassero di porre i loro contatti sessuali a livello di relazione con il partner, al di là del semplice sesso, elevandoli quindi a livello umano. Sul piano specificamente umano, infatti, la sessualità ha una funzione espressiva: essa esprime una relazione d'amore, una "incarnazione" dell'amore, o anche soltanto dell'essere innamorato »[7].

[7] *Ibid.*

Le conclusioni di un'ampia e accurata inchiesta realizzata dalla famosa rivista *Psychology Today*[8] ci dicono che la sessualità può rendere felici solo in tale prospettiva. Alla domanda sui fattori più eccitanti per l'orgasmo e la potenza, ventimila persone hanno indicato come sicuro stimolante il "romanticismo", ossia l'essere innamorato del proprio partner o, ancor più, l'amarlo.

Ma bisogna evitare l'errore di guardare la sessualità solo in prospettiva dell'altro, cioè in riferimento esclusivo alla persona del partner. Una ristrutturazione o, meglio, una riumanizzazione della sessualità nella vita dell'uomo non ha di mira solo una profilassi della nevrosi sessuale, ma anche l'individuo stesso, chiamato personalmente in causa. « Il normale sviluppo sessuale e la maturazione dell'uomo poggiano su un'appropriata integrazione della sessualità nell'insieme della propria personalità. Da ciò si comprende anche che, viceversa, ogni isolamento della sessualità contrasta nettamente con qualsiasi tendenza all'integrazione, prestando in tal modo il fianco a tendenze nevrotizzanti. La disintegrazione della sessualità, lo scinderla dalla totalità transessuale personale e interpersonale rappresenta, in una parola, una regressione »[9].

L'industria del piacere

Non stupisce affatto allora la constatazione amara, eppure così corrispondente alla realtà, che tali ten-

[8] Cfr. V. E. Frankl, *Un significato per l'esistenza. Psicoterapia e umanismo*, trad. it. Roma 1990², p. 82.
[9] Id., *Alla ricerca di un significato*... cit., p. 22.

denze di carattere regressivo abbiano consentito all'industria del piacere sessuale di fiutare un'occasione unica, un commercio redditizio e singolare nel suo genere: la « danza del maiale d'oro », come la chiama Frankl. « Partendo nuovamente dal punto di vista di una profilassi delle nevrosi sessuali, ciò che suscita dubbi e perplessità è la pressione verso la consumazione sessuale, esercitata partendo dall'industria dell'informazione. Noi psichiatri veniamo ognor più a contatto con pazienti che, sotto la spinta dell'opinione pubblica, manipolata egregiamente da tale industria dell'informazione, si sentono obbligati a occuparsi del sesso in se stesso, e quindi nella prospettiva di una sessualità spersonalizzata e disumanizzata. Eppure sappiamo bene, noi psichiatri, in quale misura tutto ciò abbia come ripercussione un indebolimento della potenza e dell'orgasmo. E colui che vede la salvezza nelle raffinatezze di una "tecnica dell'amore" in fondo annulla quel minimo di spontaneità, di immediatezza, di ovvietà, di disinvoltura che è condizione e presupposto di un normale funzionamento sessuale e di cui il nevrotico sessuale ha appunto bisogno »[10].

La coscienza come punto di convergenza

Di fronte a una sessualità disumanizzata e all'incombente vuoto esistenziale cresce a dismisura l'angoscia dell'uomo che anela a una vita significativa, vissuta in pienezza. Qui si inserisce il discorso positivo di Frankl, rivolto a ciò che di umano, di perso-

[10] *Ibid.*, pp. 22-23.

nale, di autentico permane, nonostante tutto, nella vita dell'uomo. Le manifestazioni del vuoto esistenziale e della sessualità disumanizzata vengono da lui considerate come autentiche sfide non soltanto per la psichiatria, ma anche per tutte le altre scienze che hanno come oggetto principale la dinamica dell'uomo. Il problema consiste nel presentare una concezione della vita umana pregna di significato, che accentui la capacità radicale dell'uomo di scoprire i singoli significati delle singole situazioni di cui è costellata la vita di ogni giorno. E tale capacità ha un nome: *coscienza*. La coscienza guida l'uomo momento per momento lungo la strada della vita, schiudendogli con un silenzio eloquente ciò che deve essere fatto.

La coscienza diventa in tal modo il punto di convergenza di qualsiasi discorso che voglia essere umano, vitale, personale. E la formazione della coscienza assume il posto centrale appunto perché solo una coscienza matura, educata, affinata riesce a intuire i singoli significati delle singole situazioni e quindi a prendere le decisioni conseguenti.

Non sempre le situazioni si presentano all'uomo con chiarezza: spesso alle domande poste dalla vita non si riesce a trovare una soluzione esatta. La complessità e la "misteriosità" umana non fanno intravedere con evidenza le alternative tra cui operare una scelta. Il peso della responsabilità, mentre da una parte entusiasma l'uomo perché lo rende architetto del proprio futuro, dall'altra lo pone in uno stato di perenne conflitto, di ricerca e quindi di insoddisfazione. L'impossibilità di trovare nelle circostanze delle indicazioni chiare per la risposta giusta, il progressivo crollo della fiducia nelle tradizioni e nelle istituzioni e il pericolo concreto di accettare definitivamente una realtà rinunciando allo sforzo di cercare oltre creano un clima di insicurezza e di confusione. L'uomo si trova a dover affrontare situazioni nuove, drammatiche, cariche di tensione, che gli chiedono di decidere continuamente, a volte con ritmo frenetico.

Nella sua unicità e singolarità l'uomo si trova in situazioni che portano il marchio dell'irripetibilità. Anche di fronte a un significato oggettivo, non inventato, resta sempre la percezione soggettiva e fallibile dell'uomo. L'uomo vive nella continua incertezza: la ricerca affannosa di dogmi e di leggi dipende proprio dall'impossibilità di vivere nell'incerta conoscenza della giustezza del proprio agire. Del resto, le scoperte scientifiche dimostrano in modo incontestabile che l'uomo è ancora ignorante in molti campi e che difficilmente riuscirà a penetrare tutti i misteri che avvolgono sia la sua vita sia la realtà che lo circonda.

Diecimila comandamenti

In un'epoca di incertezze come la nostra, Frankl ci dice che l'uomo ha una capacità interiore di intuire il significato concreto delle singole situazioni. Per poter fare ciò, l'uomo deve attentamente osservare le situazioni in cui si trova, che non hanno alcun riscontro con avvenimenti accaduti in precedenza. Con la voce della coscienza l'uomo è in grado di percepire quale significato si celi in una situazione e agire conseguentemente con responsabilità. « Noi stiamo vivendo in un'epoca nella quale i dieci comandamenti sembra stiano perdendo la loro validità incondizionata per molti uomini. Ma la coscienza ci rende consci dei diecimila comandamenti che sono implicati nelle diecimila situazioni diverse della nostra unica vita »[11].

Il fenomeno del vuoto esistenziale corrisponde a tale tragica situazione del mondo odierno: se prima l'uomo temeva l'occhio celeste che condizionava il suo agire morale, oggi egli si trova solo, e soltanto con grande sforzo riesce a percepire il lieve sussurro che gli viene dalla coscienza e che gli indica il modo di agire. Ciò comunque non toglie che il dovere di ciascuno sia quello di obbedire incondizionatamente ai dettami della propria coscienza, anche a costo di sbagliare. Infatti, se l'esistenza implica il rischio di sbagliare, di agire in modo non vero, essa non implica parimenti il bisogno di arrestarsi e di non agire.

Il rischio dell'incertezza porta con sé, almeno apparentemente, dei conflitti. Tuttavia, esaminando più da vicino la questione, si nota che non si può effettivamente parlare di *conflitti* di coscienza secondo una corrente terminologia. Infatti, poiché la coscienza aiuta l'uomo a scoprire i significati unici e singolari delle situazioni, che sono altrettanto uniche e singolari, non potrà esserci un vero contrasto: ogni situazione ha il *suo* significato, e la coscienza cerca di scoprirlo. La voce della coscienza è univoca.

La Statua della Libertà e la Statua della Responsabilità

Nella nostra epoca scientifica il progresso umano è calcolato in dati che possono essere facilmente misurati, introdotti nel computer e analizzati. Eppure

[11] V. E. Frankl, *Fondamenti e applicazioni della logoterapia*, trad. it. Torino 1977, p. 73.

le risposte del computer possono indicarci solo come l'uomo si comporta nella media e in gruppi campione, mai come l'uomo dovrebbe comportarsi in situazioni specifiche. « La nostra vita non è regolata a ogni incrocio da una luce rossa che dice di fermarsi o da una luce verde che dice di andare avanti. Viviamo in un'epoca di luce gialla lampeggiante, che lascia all'individuo il peso della decisione »[12].

Ma, nonostante l'uomo abbia nella coscienza l'organo di significato che gli indica quale senso ha una specifica situazione, tuttavia egli resta sempre libero di accettare tale voce o di trascurarla, addirittura di reprimerla. Questa capacità di scegliere è oltremodo attuale ai nostri giorni, specialmente dinanzi alla crescente inondazione di sesso da parte della pubblicità e dei mezzi d'informazione. Se non vogliamo essere travolti dalla marea di eccitazioni e di stimolazioni che ci viene scaraventata addosso e che ci porta a una totale e indiscriminata promiscuità, dobbiamo imparare a distinguere ciò che è realmente umano e ciò che non lo è. Accanto alla libertà dobbiamo chiamare in causa la consapevolezza della responsabilità. Ecco perché Frankl, parlando a un pubblico americano, ribadisce con sottile ironia: « Dopo aver costruito la Statua della Libertà sulla costa orientale, sarebbe ora di costruire una Statua della Responsabilità sulla costa occidentale »[13]. Una proposta che è un impegno per tutti, sempre.

[12] J. B. Fabry, *Introduzione alla logoterapia*, trad. it. Roma 1970, p. 80.
[13] V. E. Frankl, *Fondamenti e applicazioni*... cit., p. 57.

LA NEVROSI MECCANICA

« La cosa che ci fa più paura al mondo è la noia. Molti di noi preferiscono morire piuttosto che annoiarsi ». Questo avviene soprattutto nel tempo libero: vacanze, giorni di festa, domenica, e nei periodi di disoccupazione. - Stiamo costruendo il nostro primo modello di tempo libero sullo schema della domenica tradizionale, esattamente come i nostri padri costruirono la prima automobile sul modello della carrozza. - La fuga nevrotica nello sport, nell'arte, nel ballo, nella musica, nella velocità. - La « malattia del dirigente » e l'insonnia nevrotica. - « Abbiamo bisogno di nuovi tipi di attività, che permettano la contemplazione e la meditazione... L'uomo ha bisogno di un pezzo di deserto... per ritrovare se stesso », dice Frankl.

Moto rossa. Ultimo modello. Diciassette anni. Scommette che attraverserà a velocità pazzesca alcuni semafori rossi nei punti cruciali della città. « Per vedere cosa succede », dice. Succede che muoiono in tre: lui, la ragazza di quindici anni seduta sul sellino posteriore e il guidatore dell'utilitaria investita. Aveva talmente paura della noia che preferì l'incidente e il delitto alla fatica di fermarsi a riflettere e fare qualcosa di costruttivo.

« La cosa che ci fa più paura al mondo è la noia — dice un ragazzo. — Molti di noi preferiscono morire piuttosto che annoiarsi ». Questo avviene in alcuni momenti particolari: i momenti di pausa della scuola, del lavoro, delle occupazioni, vacanze, giorni di festa, domenica. Ci si ribella alla noia perché non si sa che uso fare della propria libertà. « È appena mercoledì e già penso con terrore alla domenica che si avvicina e che non so come trascorrere ». Ecco il controsenso: il progresso tecnologico ed economico si affanna a sganciare l'uomo dalla alienazione del lavoro per mettergli a disposizione ore e giorni liberi. E molti non sanno che farsene.

1935, Vienna. Da otto anni funzionano dei centri di consulenza per giovani assillati da problemi familiari, affettivi, economici. Centinaia di tentativi di suicidio sono stati per tempo evitati. La felice intuizione di Viktor E. Frankl riscuote successo. Impressionato dall'altissima percentuale di suicidi che si verificavano specie tra i giovani e in alcuni momenti dell'anno, come l'avvicinarsi delle ferie oppure l'improvvisa disoccupazione, Frankl si è dato da fare per creare dei centri nei quali i giovani potessero trovare consigli su come occupare adeguatamente il tempo libero, su come superare difficoltà personali, spesso a fondo nevrotico con forti accentuazioni sessuali. Nella sua personale pratica clinica, in otto anni Frankl ha già affrontato, e in massima parte risolto, quasi un migliaio di casi.

1992, oggi. Noia, solitudine, angoscia... Si cerca l'ebbrezza dell'alcool, della velocità, di nuove sensazioni, di avventure. Ma resta la noia del tempo libero. Siamo condannati al divertimento? Siamo "forzati del tempo libero"?

La statua rovesciata

C'è l'automazione, la standardizzazione del lavoro, un ritmo lavorativo che ha, quale meta ultima e immediata, la produzione. Ti senti spersonalizzato, manipolato, interiormente frantumato. Lavori otto o più ore al giorno, sommando sempre le medesime colonne di cifre, destinato a maneggiare sempre la stessa leva di una macchina. E ciò nell'interesse esclusivo del datore di lavoro, che giudica tanto più fidata e desiderabile la prestazione lavorativa quanto più essa è impersonale, standardizzata, opera più di automi che di uomini. Il lavoro, allora, finisce con l'essere considerato come un puro e semplice mezzo di guadagno, una necessità, un antefatto alla vera vita. In tale situazione, per "vera vita" non si può intendere che quella delle ore libere, le uniche nelle quali il lavoratore riesce a manifestare pienamente la sua personalità, le sue intime aspirazioni. Eppure molti sono alle prese con un lavoro così pesante che alla fine della giornata hanno solo la forza di allungarsi sotto le coperte. Nasce la ribellione. L'uomo pretende un'aliquota di tempo libero che gli consenta di salvaguardare non solamente la sua salute fisica e psichica, ma anche la sua *privacy*, il suo spazio di autonomia e di indipendenza. Cresce a dismisura il tempo sottratto al lavoro disumanizzato e alienante.

Ma che uso faremo della nostra libertà? Diverremo preda dello spreco, della banalità, nell'esaltazione di aver rovesciato la statua dell'alienazione, edificata da un lavoro standardizzato, da un'oppressione professionale? Oppure celebreremo la nostra libertà come fanciulli che, con gli occhi abbacinati dalla gioia, si aggirano gaudenti in mezzo alla pila dei regali natalizi, li scrutano prima con riverente timore, li scelgono accuratamente, ci giocano qualche ora, ma poi li guardano con atteggiamento annoiato fino a metterli da parte, se non proprio a buttarli alla prima occasione?

Ozio forzato

« La mia vita è un cimitero. Ho diciassette anni, eppure quanta noia, quanta solitudine. Non solo quando rimango in casa, ma anche quando esco ». « La città mi sta uccidendo. Non sono riuscito a trovare un gruppo di amici che non siano quei tre o quattro che non sanno fare altro che parlare tutto il santo giorno di moto e di sesso, nel più volgare dei modi ». Così alcuni ragazzi esprimono il loro sconforto.

Scrivendo su Frankl, lo studioso americano Joseph Fabry commenta: « Un tempo l'ozio era la prerogativa degli aristocratici ed essi abitualmente lo disperdevano nella noia. Avere del tempo disponibile è, per la maggior parte dell'umanità, qualcosa di nuovo e la gente non ha ancora imparato come impiegarlo. Siamo più o meno nella stessa situazione dei nostri nonni, quando costruirono la prima automobile a forma di carrozza. Noi tentiamo di costruire il nostro primo modello di tempo libero abbondante dandogli la forma della domenica tradizionale, il giorno in cui l'uomo aveva la possibilità, fatta obbligo, di stare in ozio. Dio creò il mondo in sei giorni e il settimo si riposò e l'uomo doveva seguirne l'esempio. Considerare un peccato l'ozio durante i sei giorni e un peccato il lavoro nel settimo divenne uno dei pilastri dell'etica protestante. La Chiesa e le autorità civili codificarono questo concetto... [Esso] è così radicato che alcuni rifiutano tuttora di leggere un romanzo durante la settimana, perché considerano "tempo sciupato" leggere, durante ore di lavoro, dei libri che hanno lo scopo di divertire »[1].

Una duplice alienazione, dunque: da una parte il lavoro automatizzato, frutto di routine, da nastro di produzione, da catena di montaggio, dall'altra il tempo libero che cresce a dismisura ma che resta anch'esso fattore di alienazione, di noia, di solitudine.

Il pendolo

Fu Schopenhauer ad affermarlo: la vita dell'uomo è come un pendolo che oscilla perennemente tra il bisogno e la noia. Alle prese con un lavoro che non gli consentiva di realizzare pienamente il senso più vero della sua esistenza, un tempo l'uomo si sentiva frantumato, scarnificato, reificato, perché in preda alla febbre del bisogno che lo inseguiva, in preda alla povertà che egli doveva e voleva vincere a tutti i costi; ora, invece, il pendolo si è spostato all'altro estre-

[1] J. B. Fabry, *Introduzione alla logoterapia* cit., pp. 119-120.

mo. La noia ha preso il sopravvento, una noia che, come dice lo stesso linguaggio comune, può davvero essere mortale. Uno studioso di problemi giovanili, il Plügge[2], constata che quasi tutti i 49 casi di tentato suicidio, da lui esaminati nel giro di pochi mesi, alla fin fine sono da attribuirsi a una mancanza di speranza, al senso della noia e dell'apatia più assoluta.

Fitta nebbia

Oggi nelle fabbriche i lavoratori vengono gradualmente sostituiti dalle macchine. Se prima era l'operaio a forgiare con le proprie mani un prodotto, ora è la macchina a fare tutto. Ma in tal modo l'uomo si riduce a essere una pedina del mercato commerciale e anche il suo tempo libero ne viene coinvolto. Per fuggire il lavoro ci si incolonna sulle autostrade, sotto la canicola o coperti da strati di neve, oppure ci si rintana in una sala cinematografica, in un bar all'ultimo grido, in una discoteca densa di fumo. Come nel lavoro automatizzato, così nei momenti di libertà e di assoluto ozio l'uomo non si sente un essere responsabile, unico, insostituibile. A ragione scrive Frankl: « In situazioni simili l'uomo è come un alpinista che venga a trovarsi a un tratto in un banco di fitta nebbia e che, non avendo più dinanzi agli occhi la meta, stia per soccombere a una pericolosa stanchezza. Ma se la nebbia si dirada e in lontananza riesce a un tratto a scorgere il rifugio, ecco che egli si sente improvvisamente di nuovo fresco e in forze. Ogni scalatore conosce la sensazione di esaurimen-

[2] Cfr. V. E. Frankl, *Teoria e terapia delle nevrosi*, trad. it. Brescia 1978[2], p. 145.

to, sia fisico che psichico, quando, arrampicato a una parete, non sa più se è ancora sulla via giusta o meno. Sensazione che scompare del tutto non appena egli si accorge della possibilità di un "camino" o passaggio buono e di essere vicino alla meta: gli pare allora che una nuova energia d'un tratto gli scorra nelle braccia, nelle mani che rapidamente si muovono per afferrare gli appigli »[3].

Nevrosi da disoccupazione

Che cosa succede quando l'uomo sembra perduto nelle nebbie dell'indefinito, quando gli si para dinanzi un lungo tempo di libertà, un lungo periodo di ozio? Unica soluzione: la fuga. Una fuga che vuol dire nevrosi.

Scrive Frankl: « Osservazioni psicologiche condotte su gruppi di disoccupati ci hanno permesso di esprimere e di definire il concetto di nevrosi da disoccupazione. Nel primo piano della sintomatologia si presenta non la depressione, ma l'apatia: è un fatto degno di nota. I disoccupati divengono di giorno in giorno privi di interesse e scema pian piano il loro spirito di iniziativa. Si tratta di una apatia pericolosa giacché impedisce loro di afferrare persino la mano che tenta di aiutarli e che comunque a loro si rivolge. Il disoccupato vive il vuoto del suo tempo come un vuoto della sua intimità, della sua coscienza. L'essere senza occupazione gli dà un sentimento di inutilità: finisce per credere che la sua vita non abbia più senso »[4].

[3] Id., *Logoterapia e analisi esistenziale*, trad. it. Brescia 1977^{4}, p. 153.
[4] *Ibid.*, pp. 156-157.

Tuttavia, non si può dire che la mancanza di lavoro sia l'origine immediata di nevrosi da disoccupazione. Spesso è il contrario. In ogni caso, è indicativa la frase colta sulla bocca di alcuni disoccupati, in gran parte giovani: « Ciò che noi vogliamo non è il denaro, ma che la nostra vita abbia senso ». Una tale frase potrebbero pronunciarla anche coloro che, per raggiunti limiti di età, sono considerati pensionati e quindi devono restare a casa. Essi hanno vissuto molto e, di fronte al progressivo accorciarsi dell'arco della vita, quando il fenomeno dell'invecchiamento assume proporzioni rilevanti, sentono quasi un senso di vuoto interiore. La grave crisi esistenziale in cui rischiano di scivolare coinvolge il crollo delle abitudini che per anni hanno sorretto la loro giornata, comportando la perdita del ritmo di vita su cui hanno modellato attività molteplici e ricche. Gli anziani rischiano di sentirsi inutili, abbandonati, tristi. Hanno quasi paura di aspettare il mattino per ricominciare. Paura di continuare a sorridere, di riprendere a lottare. Quasi si credono colpevoli di essere ancora vivi. La loro crisi psicologica dipende prevalentemente dal fatto che di colpo vengono scaricati di un peso che hanno portato per tanti anni, cosicché si trovano in una permanente disoccupazione.

Nevrosi domenicale

C'è poi una disoccupazione periodica, che corrisponde al giorno di vacanza settimanale. Quando il lavoro occupa tutto il tempo di un individuo, questi non sente alcun senso di vuoto; ma, non appena il lavoro si ferma, quando egli si trova con un intero giorno di libertà, allora gli si parano davanti tutti i problemi fino a quel momento celati. Così si ha la nevrosi domenicale, quel senso di tristezza e di insoddisfazione proprio di coloro che non sono riusciti a trovare qualcosa che riempia il vuoto. Tale fenomeno è accuratamente puntualizzato da Frankl: « Chi non conosce la desolazione mai dissimulata di tanti che alla domenica, non avendo trovato un modo qualsiasi per distrarsi, non sanno trovare in se stessi qualcosa che riempia il vuoto delle ore non lavorative? L'"oppio" dell'amore non è sempre a portata di mano; il divertimento del weekend, quel divertimento che deve occultare l'intima solitudine, non è per loro momentaneamente di facile accesso. È ciò che capita all'uomo che sembra vivere solo per il lavoro e nient'altro. È alla domenica, quando questa possibilità viene meno, che si rivela tutta l'intima povertà della vita quotidiana della metropoli. E, pur con tutto il correre dietro un "tempo" di lavoro, si ha l'impressione che l'uomo, ignaro di uno scopo nella vita, ne percorra la via con la maggior velocità possibile per vietarsi di notare che appunto le manca un fine. In una parola: un tentativo di sfuggire se stesso. Ma inutilmente: alla domenica, quando cioè il correre e l'agitarsi dei giorni lavorativi si arrestano, gli si pone di fronte la mancanza di significato e di scopo della propria esistenza. Ogni tentativo gli sembra allora lecito per sfuggire a questa noia. Si rifugia in una sala da ballo, ove la musica lo esenta dalla necessità di parlare e di pensare. Oppure il "nevrotico della domenica" cerca un altro asilo per sfuggirvi: lo sport. E si comporta come se la cosa più importante del mondo fosse la vittoria della squadra del suo cuore. Eccolo allo stadio con migliaia di altre persone, attento a veder agitarsi per il campo ventidue giocatori. Oppure eccolo che assiste a una partita di pugilato assieme ad altri numerosi spettatori; e qui si associa ancora una punta di sadismo col voyeurismo dello spettatore inerte. Con ciò non vogliamo affatto esprimere un parere negativo contro lo sport inteso come una sana pratica igienica. Si vuol soltanto porre in discussione l'atteggiamento dei singoli di fronte al fenomeno dello sport »[5].

Lo stereo rotto

Non solo dello sport si può abusare in senso nevrotico, bensì anche dell'arte. Chi ha fame di sempre nuove sensazioni finisce col desiderare la più forte sensazione: la morte, intesa sia in senso reale sia sotto l'aspetto simbolico dell'arte. Il non poterne fare a meno è indice di alienazione.

« Non avevo mai pensato che la musica fosse così importante nella mia vita. In questi giorni si è rotto lo stereo e mi pare di essere più sola che mai. Scopro che la musica è qualcosa che mi riempie, che mi distende, che mi tranquillizza e perfino mi eleva. Insomma, ho scoperto che la musica è come un'amica inseparabile; per questo ora ne sento tanto la mancanza », scrive una ragazza di quindici anni. Ma, forse insensibilmente, questa ragazza è divenuta schiava della stessa forza liberatrice della musica che tanto la esalta. Se non opera il passaggio dai momenti di forte estasi, che le sono procurati dalla musica, alla vita quotidiana, in cui deve sudar olio dai gomiti, la

[5] *Ibid.*, p. 161.

musica rimarrà per lei una sottile forma di alienazione, di evasione, di nevrosi.

La stessa cosa si potrebbe dire a proposito della fuga nel cinema, nelle sale da ballo, nel mondo dei libri, nel mondo degli eroi da romanzo, con cui il nevrotico in certo qual modo si identifica. Il divoratore di romanzi si accontenta che qualche altro, anche se è soltanto una figura fittizia, abbia fatto ciò che egli avrebbe voluto fare.

La « malattia del dirigente »

Ma c'è di più: la rapidità del progresso impone anche una rapidità nell'attività. L'uomo, allora, preso nel vortice della velocità, cerca di soffocare o di riempire la frustrazione esistenziale mediante il lavoro. In tali uomini la volontà di significato viene sostituita dalla volontà di potenza: essi cercano di ottenere sempre di più in denaro e in onori. Frankl parla a questo proposito di « malattia del dirigente », le cui caratteristiche sono ipertensione e affezioni alle vie circolatorie, causate da eccesso di lavoro. Uomini siffatti si gettano letteralmente nel lavoro. La loro è un'attività per l'attività, con l'unico scopo di assopire l'intera frustrazione esistenziale, di fugare il vuoto interiore. Ma, mentre essi non hanno per nulla tempo libero, perché ogni secondo è dedicato alla loro sete di guadagno, le loro mogli soffrono in maniera accentuata il vuoto esistenziale, poiché non sanno come occupare tanto tempo libero. Esse allora si rifugiano negli incontri con altre mogli, altrettanto annoiate, e così cercano di soffocare il vuoto interiore sia bevendo *(cocktail parties)* sia chiacchierando *(social parties)* sia giocando *(bridge parties)*.

La velocità costituisce un altro fattore che gli uomini utilizzano per sfuggire al vuoto esistenziale. Il tempo accelerato è il tentativo inutile e maldestro di liberarsi da se stessi della frustrazione esistenziale. « Quanto meno l'uomo sa che scopo dare alla vita, tanto più egli accelera il ritmo della vita stessa. È così che il cabarettista Helmut Qualtinger fa la parodia di un giovane, pazzo per la sua moto, al quale fa dire in una canzone: "È vero, non ho alcuna idea di dove sto andando: ed è proprio questo che mi spinge ad andarvi con maggior fretta". Una tale ambizione potrà anche, eventualmente, perseguire degli scopi più elevati. Conosco, per esempio, un paziente straniero che presenta il caso più tipico di "malattia del dirigente" che io abbia mai incontrato. Già da una semplice visita appariva evidente che quest'uomo si ammazzava letteralmente di lavoro. Si riuscì a far luce sui motivi per cui si era a tal segno tuffato nel lavoro e nel superlavoro. E il motivo era questo: che egli, quantunque ricco, al punto da possedere un suo aereo personale, si era ormai votato anima e corpo all'impresa di guadagnare tanto da potersi permettere un aeroplano a reazione »[6].

Insonnia esistenziale

Una ricerca febbrile, pazza, senza concedersi un minuto di riposo, per occupare il tempo, per distrarsi, per divertirsi, per stordirsi. Di giorno, presi da tut-

[6] V. E. Frankl, *Alla ricerca di un significato*... cit., pp. 66-67.

te le parti: telefono, scuola, obblighi sociali, bambini, traffico, rumori, stereo, televisione, notizie, giornali, politica. Di notte, l'insonnia esistenziale: i problemi più profondi, non risolti, impediscono di dormire. Ed ecco il sonnifero. L'organismo riceve il giusto riposo, ma interiormente si è sempre più frustrati. La rimozione dei problemi appare ancora più inquietante e diventa davvero difficile riuscire a stare soli, affrontare una buona volta, con coraggio, se stessi. « Tutti costoro fuggono se stessi dedicandosi a una forma di passatempo che chiamerò centrifugo, che opporrò a quell'altra forma che cerca di offrire all'uomo non solamente delle occasioni di distrazione, ma anche delle occasioni di concentrazione interiore. Noi abbiamo bisogno di nuovi tipi di attività, che permettano la contemplazione e la meditazione. Per fare questo, l'uomo necessita di molto coraggio per essere solo. L'uomo ha bisogno di un pezzo di deserto in cui rifugiarsi per ritrovare se stesso. Egli deve riscoprire i compiti che è chiamato a realizzare. Solo rispondendo alle invocazioni che gli vengono da più parti potrà riscoprire il senso più vero della sua esistenza »[7], ricorda Frankl. La domenica potrà spazzar via la ruggine di tutta una settimana solo se è vissuta in pienezza significativa, in una ricerca silenziosa e personale di quello che si è chiamati a realizzare.

Un compito da svolgere

Friedrich Hebbel, poeta tedesco, esclamò: « La vita non è qualcosa, ma un'occasione per realizzare

[7] Cfr. E. Fizzotti, *La logoterapia di Viktor E. Frankl. Conversazione con l'illustre psichiatra e filosofo*, in *L'Osservatore Romano*, 9-5-1973, p. 3.

qualcosa ». Il tempo libero è proposta all'uomo, e questo perché la vera prospettiva della libertà è la responsabilità. Secondo Frankl, « per guarire dalle nevrosi del tempo libero, l'uomo deve riscoprire le sfide e i compiti che la vita gli propone »[8]. Lo diceva già Harvey Cushing: « L'unico modo di sopportare la vita è di aver sempre un compito da svolgere », un compito che è sempre specifico, concreto, individuale, così come lo è la vita. Essa ha un proprio fine, al quale conduce una sola strada, quella della libertà-responsabilità. Ognuno ha le proprie occasioni, le proprie possibilità che è chiamato a realizzare; occasioni e possibilità che non ritorneranno mai più. Sta all'uomo decidere sulla loro attuazione. La risposta al tempo libero potrà essere solo il frutto di un'autentica educazione alla responsabilità.

[8] *Ibid.*

LO SHOCK DELLA TELA BIANCA

Fu un professore di arte ad avere una così originale idea. Consegnò a ogni studente una tela completamente bianca, chiedendo di dipingervi sopra con la massima libertà. Quasi tutti restarono sconcertati e furono incapaci di disegnarvi la sia pur minima cosa. Quasi tutti subirono uno shock della tela bianca. - Non solo si è liberi da *strutture e alienazioni, ma anche liberi* per *realizzare un progetto di sé che coinvolga gli altri e la società. - Libertà come sfida e paradosso.*

Aveva diciassette anni Camus quando un giorno, ad Algeri, assistette a una raccapricciante disgrazia: un bambino venne schiacciato da un camion. Le urla di disperazione dei genitori, l'angoscia che comparve sul volto degli astanti lo sconvolsero fin nelle più intime fibre. Allora, sollevando un dito verso il cielo, si rivolse all'amico che gli stava accanto e disse: « Vedi? Quello tace ». Fu l'inizio della ribellione di

Camus, l'inizio della sua scelta per l'uomo e contro Dio. No a Dio e sì all'uomo, sia pure un uomo frammentario, lacerato, « un lampo nella notte delle cose ». E questo perché o Dio è onnipotente e responsabile del male e noi non siamo liberi, oppure Dio non è onnipotente e noi siamo liberi e responsabili.

Libertà: parola magica, ideale e fascino, distruzione e forza. Meta da raggiungere e fardello da portare. Sfida quotidiana e smacco continuo. Un ragazzo mi ha detto: « Non ho chiuso occhio. Ho pianto tutta la notte come un bambino. La mia guerra contro la società e la gente è iniziata quando sono nato... Da piccolo sognavo di essere come sono adesso, ma non pensavo che fosse così difficile. Pensavo che bastasse andarsene da casa e vivere in mezzo alla gente, amare tutto ciò che ci circonda, essere generosi, sorridere a tutti. Ma non è così ». Ideale utopico? Libertà irraggiungibile? Velleità giovanili?

Mi ha scritto uno studente in medicina. Ha trascorso nove anni in collegio, « in un ambiente in cui oltre quella cerchia di amici non si poteva uscire, in cui ciò che il superiore diceva, quello bisognava fare, in cui, in un certo senso, non ti si ponevano difficoltà, responsabilità, problemi, in cui uno viveva felice, spensierato, sempre guidato in tutto ciò che doveva fare, in cui ti venivano creati perfino dei complessi di inferiorità rispetto agli altri. E proprio nel periodo in cui un giovane comincia a formarsi un carattere, una propria personalità, comincia a vedere quale sia la realtà vera e propria della vita, del mondo che lo circonda ».

È difficile essere liberi, sapersi autodeterminare, sapersi progettare una vita con responsabilità e consapevolezza. Ma è forse facile sapere che cosa sia questa tanto decantata libertà? È una ricerca febbrile la nostra, fatta di tentativi, di cadute, di illusioni e di fallimenti. Talvolta qualche successo, ma troppo passeggero per essere gustato in profondità.

Le passate generazioni lottavano per una libertà socio-economica. Le condizioni di vita, lo sfruttamento da parte dei padroni, i salari da fame, la schiavizzazione erano un appello, un grido di aiuto, per una libertà più a misura d'uomo. Oggi è diverso. Se pure esteriormente l'attacco alle strutture è rimasto, le motivazioni sono altre. Oggi i giovani si rendono conto di aver bisogno di una realtà umana, al di là delle condizioni e delle strutture sociali ed economiche. La "rivoluzione" oggi ha di mira ideali e valori nuovi ai quali dedicarsi. Ecco l'attacco alla società opulenta, alla società che dà tutto in beni materiali, ma vive nell'ipocrisia, nell'ambiguità, nella strumentalizzazione delle coscienze, nell'occulta persuasione.

Studenti arrabbiati

Esempi di tale ribellione se ne trovano ogni giorno. Sul *San Francisco Chronicle* uno studente accusa la generazione che « spende venti miliardi di dollari l'anno per polverizzare pochi villaggi dall'altra parte del globo, mentre le nostre città trascurate cadono a pezzi, sperpera miliardi per mandare l'uomo nello spazio in una capsula, mentre i milioni che stanno sulla terra non hanno che mezzi di trasporto antiquati e pericolosi »[1]. In *Sex and the College Students* vengono citate le parole di uno studente, attivista del mo-

[1] Cfr. J. B. Fabry, *Introduzione alla logoterapia* cit., pp. 121-122.

vimento per i diritti civili, che si fa beffe « delle tronfie e compiaciute autorità dei *colleges*, rumorosamente preoccupate dell'orgasmo dei giovani, ma di una discrezione assoluta quando ci mandano a uccidere e farci uccidere in guerra; interminabili nelle raccomandazioni sulla nostra moralità e le responsabilità che abbiamo verso gli altri... ma incapaci del minimo interesse per l'immoralità degli *slums* della strada accanto o per i vergognosi intrighi praticati nei Caraibi o altrove... Se mi faccio crescere la barba e la ragazza che amo passa la notte in camera mia e dormo con lei, sono un *beatnik* di dubbia moralità. Se invece mi rado e vado in un bordello, se compro alla borsa-merci del Sudafrica dei beni che mi permettono un largo margine di profitto, se mi iscrivo alla Cia dopo aver preso il diploma del *college*, la mia condotta non è messa in causa e la mia integrità è certa. Dicono che siamo immaturi e pieni di pretese. Poi ci rassicurano pensando che cresceremo. Quello che intendono loro per crescere è mollare, vendersi, acconsentire: la morte morale »[2].

Tutto qui?

Scoppiata la bolla di sapone della libertà come frutto proibito, concesso a una élite di pochi privilegiati, e spezzate quindi le catene della schiavitù non solo fisica ma soprattutto morale, ecco l'uomo si erge sovrano della realtà, padrone di se stesso. Ha vinto le guerre di indipendenza, ottenuto l'emancipazione dalle autorità ecclesiastiche e civili, riaffermato la

[2] *Ibid.*, p. 128.

dignità della persona umana con la Dichiarazione dei Diritti dell'Uomo, ma... è tutta qui la libertà? La perdita di istinti e di tradizioni, con il susseguente trovarsi a confronto diretto con se stessi, con una realtà da plasmare, da modellare in maniera autonoma e cosciente, mentre è proclamata a gran voce, è d'altra parte sofferta e fraintesa nel momento in cui si riconosce il proprio limite, la propria insufficienza, la radicale incapacità di volere e di potere tutto.

Bianca e terribilmente vuota

Fu un professore di arte ad avere una così originale idea. Consegnò a ogni studente una tela completamente bianca, chiedendo di dipingervi sopra con la massima libertà. Quasi tutti restarono sconcertati e furono incapaci di disegnarvi la sia pur minima cosa. Quasi tutti subirono lo shock della tela bianca. Non era stato offerto loro alcun modello né indicato alcuno stile o regola particolare da seguire. Solo la tela bianca, quella tela candida e così terribilmente vuota, tutta a disposizione della loro libertà. Eppure non sapevano che farsene. La tela era per loro una sfida, una provocazione, una violenza fatta al "comodismo", al tradizionalismo, al supino adagiarsi su valori e realtà trasmesse e non invece progettate con libertà e autonomia.

Fu la medesima esperienza provata da Frankl il giorno della liberazione da Auschwitz: « Mi trascino avanti, voglio vedere per la prima volta i dintorni del Lager o, meglio, vederli per la prima volta da uomo libero. Vado così nella natura, nella libertà. "Nella libertà", mormoro, rimuginando queste parole; ma non riesco semplicemente a capire. La parola libertà era troppo logorata dai nostalgici sogni di lunghi anni e il concetto troppo pallido; confrontato con la realtà, si dissolveva. La realtà non penetra ancora nell'intimo della coscienza: non la si può comprendere bene.

« Arrivo in un prato. Qui vedo fiori sbocciati. Ne prendo atto, ma nulla giunge "al sentimento". La prima piccola scintilla di gioia scocca quando noto un gallo; le penne della sua coda hanno colori meravigliosi. Ma è solo una scintilla di gioia; non partecipo ancora del mondo. Siedo all'ombra di un castagno, su una panchina; Dio sa qual è l'espressione del mio volto. In ogni caso, il mondo non provoca ancora nessuna impressione.

« La sera, quando i camerati affluiscono di nuovo alla vecchia capanna di terra, si ritrovano, s'interrogano a vicenda, furtivamente. "Tu, di' un po', sei stato felice oggi?". E si confessano, pieni di vergogna perché non sanno ancora che a tutti è andata così: "Onestamente no!". Avevamo letteralmente dimenticato la gioia e dovevamo prima reimpararla »[3].

Che cos'è allora questa tanto decantata libertà, di cui Jan Palach è fiaccola sempre ardente? È solo una libertà negativa, ossia una libertà *da* strutture, *da* imposizioni, *da* alienazioni, *da* persecuzioni, oppure è una libertà *per* qualcosa di positivo, *per* un atteggiamento, *per* una decisione, *per* un progetto di sé?

[3] V. E. Frankl, *Uno psicologo nei Lager* cit., pp. 145-146.

Contro il pandeterminismo

Nel corso di un'intervista alla televisione americana fu chiesto a Frankl se per lui, tenendo conto di tutti i condizionamenti cui l'uomo giorno dopo giorno è sottoposto, esistesse la libertà. Ed egli: « Quale clinico (neurologo e psichiatra) sono pienamente convinto che l'uomo è determinato. Piuttosto, contrasto quello che son solito chiamare *pandeterminismo* e che consiste nel considerare l'uomo come totalmente condizionato e determinato... Anche come sopravvissuto a quattro campi di concentramento tedeschi sono in grado di affermare che l'uomo è soggetto a ogni tipo di condizionamento; non si può pertanto ritenerlo del tutto libero da essi. Piuttosto, l'uomo è libero di assumere un atteggiamento nei riguardi di qualsiasi condizione con la quale venga messo a confronto. E in questo prendere posizione, e precisamente a tale grado, l'uomo è libero. La libertà sta quindi nella scelta dell'atteggiamento da adottare ogni volta che l'uomo si trovi confrontato con una situazione che non può essere cambiata »[4].

Libertà da e libertà per

La concezione della libertà implica quindi un duplice movimento: da una parte si è liberi dall'essere spinti, ossia non si sottostà unicamente ai propri istinti e alle proprie determinazioni; dall'altra si è liberi per essere responsabili, ossia si concepisce l'uomo in modo

[4] Id., *Value Dimensions in Teaching*, in R. J. Sasnett (a cura di), *Values Colloquium. I. A Person's Need and Search for Values*, Religion in Education Foundation, Santa Barbara 1963, p. 42.

dinamico, significativo, prospettico, un uomo orientato fondamentalmente alla realizzazione e all'adempimento del significato concreto della sua esistenza. In questo senso va intesa la ricerca di una libertà che non sia situata solo a livello di strutture, di condizioni sociali, di imposizioni dall'alto. La libertà che si invoca è piuttosto quella di poter elaborare un progetto di sé che coinvolga gli altri, la natura, la società in un crescendo armonico e profondamente umano. « Ieri un vecchio mi ha detto che sono un lurido bastardo. Mi son sentito impazzire. E questo perché avevo fumato anch'io l'erba proibita e avevo iniziato a sognare cose meravigliose. Ma chi era lui che poteva darmi del bastardo? Non era forse colpevole come me? », così mi disse una volta un ragazzo.

La libertà è una sfida, un paradosso, così come lo è la vita. Scrive Frankl: « L'uomo può essere definito un essere che sa liberarsi anche di ciò che lo determina (cioè le determinazioni biologiche, psicologiche, sociologiche che ne fanno un "tipo"); un essere, insomma, che, mentre vince o dà una forma singolare a tutte le sue determinazioni, in pari tempi si sottopone a esse. Questa paradossalità dell'uomo testimonia il carattere dialettico della sua umanità, parla della sua problematicità fondata in una sempiterna antitesi tra la propria dipendenza e la propria autonomia. La sua realtà è una possibilità, il suo essere un poter essere. L'uomo non si risolve mai nella sua fattualità. L'esistenza umana è un essere responsabili, poiché è essenzialmente un essere liberi...

« Diverse storielle basano la loro comicità sul fatto che... l'uomo appare come se fosse privo della sua essenziale libertà. Una di queste, ad esempio, narra di un tale che spiega alla moglie come l'umanità oggi sia diventata immorale e, a conferma, le dice: "Oggi ho trovato un portafogli: credi che mi sia neanche venuto in mente di portarlo all'ufficio degli oggetti smarriti?". Qui desta il nostro sorriso il fatto che qualcuno possa parlare della propria immoralità come se non ne fosse responsabile. Il tale della storiella parla infatti come se dovesse accettare ineluttabilmente la propria e l'altrui disonestà, come se non fosse davvero libero di decidere se trattenere il portafogli o rimetterlo all'Ufficio Ritrovamenti »[5].

La copertina del Time

Quando, già nel 1966, i redattori del *Time* proclamarono « uomo dell'anno » la generazione dei giovani, compresero che è dai giovani che può nascere un futuro diverso, più ricco di significati e di valori. In effetti, la battaglia della libertà condotta dalla gioventù di tutto il mondo, se porta con sé la licenza di essere "immorale", contiene soprattutto la possibilità di realizzare un'autentica moralità al di là delle ipocrisie e dei maneggiamenti. Oggi l'uomo è chiamato a decidere sul suo essere morale, a dare una risposta agli interrogativi che gli vengono posti con tragicità e realismo dalla vita quotidiana. Se « la responsabilità è il fondamento più profondo dell'essere umano », lo è perché la vita è intesa come un compito da realizzare, un compito al quale è necessario dare risposte personali, libere, responsabili. Ciò richiama la famosa espressione di John Kennedy, pronunciata in occasione del discorso inaugurale alla presidenza

[5] Id., *Logoterapia e analisi esistenziale* cit., pp. 120-121.

degli Stati Uniti: « Non dobbiamo chiederci che cosa la Nazione può e deve fare per noi; piuttosto chiediamoci che cosa noi possiamo e dobbiamo fare per la nostra Nazione ».

La tela bianca è una sfida per l'uomo, perché gli chiede di mettere in moto la fantasia, di dar vita alla sua carica di umanità, di inventare nuove forme di esistenza che possano essere per tutti garanzia di dignità, di crescita, di maturazione. Mi torna alla mente una famosa canzone lanciata da Joan Baez: *We shall overcome*. Ognuna delle tre parole ha un profondissimo significato: siamo noi *(we)* a dover portare avanti il mondo, nessuno può sostituirci, nessuno può occupare il posto di un altro. Ognuno di noi ha un compito tutto proprio, in cui è insostituibile. E siamo noi ad avere la libertà di superare *(overcome)* qualsiasi condizionamento, qualsiasi costrizione, perché abbiamo « una fede incondizionata in un significato incondizionato della vita », e quindi nel futuro *(shall)* potremo costruire una società realmente umana, realmente fraterna.

Il progetto sulla tela

Ecco le autentiche dimensioni della libertà, la risposta alla sfida, il progetto abbozzato sulla tela bianca. Solo un'autorità interiore può far scoprire il compito che ciascuno è chiamato a portare avanti con decisioni libere e personali. Decisioni che sanno di amarezza, di terra, di sangue, perché passano per carni vive, lasciano ferite sanguinanti, fratture forse irrimediabili. Chi ha vissuto tutto ciò non può restare come prima: in lui qualcosa è cambiato. La sua vita è divenuta una missione. « In un modo o nell'altro — scrive Frankl — viene il giorno in cui ogni ex internato, ripensando alle esperienze del Lager, prova una strana sensazione. Egli stesso non comprende come ha potuto superare tutto ciò che la vita del Lager ha preteso da lui. E se vi fu nella sua vita un giorno (il giorno della liberazione) nel quale tutto gli apparve come un bel sogno, certamente arriva anche il giorno in cui tutto ciò che ha vissuto nel Lager gli appare come un brutto sogno. Quest'esperienza dell'uomo tornato a casa sarà coronata dalla splendida sensazione che, dopo quanto ha sofferto, non deve temere più nulla al mondo, tranne il suo Dio »[6].

[6] Id., *Uno psicologo nei Lager* cit., p. 152.

UN ANONIMO BURATTINO

Massa erano gli ebrei che Hitler sterminava, massa erano i prigionieri dei campi di concentramento, massa sono oggi i giovani delle grandi liturgie rock, massificante è la nostra civiltà: il risultato di questo annullamento della persona è, dice Tillich, « l'esperienza del vuoto e dell'assurdità, della disumanizzazione e dell'estraniamento ». - Di qui il conflitto tra giovani e società: sembra che i giovani abbiano preso coscienza del pericolo di disumanizzazione insito nella dinamica della società di massa. - La radicale differenza tra la massa che distrugge l'individuo e la comunità che lo esalta e costruisce nella sua irripetibile originalità e ricchezza. - La massa esiste, la comunità si costruisce: distruzione o salvezza dell'uomo.

Quarantamila ebrei a venticinquemila dollari l'uno. Tale era l'offerta avanzata da Hitler alla conferenza di Evian. Non erano in palio uomini, ma merci in eccedenza. A riscatto. Qualche anno prima così egli aveva scritto in *Mein Kampf*: « L'idea nazionale razzista ammette il valore dell'umanità nelle sue originarie condizioni di razza. Concordemente con i suoi principi, essa riconosce nello Stato solo un mezzo per conseguire un fine, il fine del mantenimento dell'esistenza razziale degli uomini. Quindi non ritiene vera l'eguaglianza delle razze, ma ammette che sono differenti, e che hanno un valore maggiore o minore, e da questa ammissione si sente costretta a pretendere, conforme con l'eterna Volontà che domina l'Universo, la vittoria del migliore, del più forte, la sconfitta del peggiore, del più debole. E così rispetta l'idea di base della Natura, che è aristocratica, e crede che questa legge sia fondamentale anche per l'uomo più umile. Essa non solo ammette un diverso valore delle razze, ma anche quello dei singoli. Mette in luce l'uomo di valore, e agisce così da ordinatrice... Cultura e civiltà del nostro continente sono strettamente collegate con la presenza degli ariani. Il declino e la sparizione dell'ariano riporterebbe sul mondo ère di barbarie »[1].

Nacquero Dachau, Auschwitz, Türkheim. Perirono sei milioni di ebrei. Oggi milioni di uomini sono sfruttati nelle disumane città tentacolari dell'Asia, degli Stati Uniti o dell'America Latina. « Agisci in modo da trattare l'umanità, così in te come negli altri, sempre e a un tempo come fine e mai solamente come mezzo », aveva proclamato Kant, affermando la dignità incontestabile dell'uomo. Un proclama al vento. La miseria collettiva in cui ci dibattiamo rende ciascuno di noi una cosa, un anonimo burattino

[1] A. Hitler, *Mein Kampf (La mia battaglia)*, trad. it. Bologna 1970, pp. 19-20.

su un palco di enormi proporzioni illuminato da troppi fari abbaglianti. E noi recitiamo la parte con tale serietà che quasi ci crediamo. Non è stato sufficiente l'avvertimento di Hitler. In nome del progresso ci piace rifugiarci nell'impersonale, nella collettività, nel gruppo, scaricando sugli altri una responsabilità che pesa enormemente su spalle fragili come le nostre.

In file da cinque

Tale esperienza di massificazione, di annullamento della personalità, fu vissuta da Frankl ad Auschwitz. « Sotto la suggestione dell'ambiente circostante, che da moltissimo tempo ignora i valori della vita umana e della dignità della persona, che ha fatto dell'uomo il destinatario, privo di volontà, di una politica di sterminio (la quale, tuttavia, prima dell'eliminazione dell'individuo, ha previsto lo sfruttamento fino agli ultimi resti delle sue risorse fisiche), sotto questa suggestione generale anche il proprio io resta infine svalorizzato. L'uomo, nel campo di concentramento, a meno che la sua autocoscienza opponga un'ultima impennata, perde la sensazione di essere ancora un soggetto, e tanto meno un essere spirituale con libertà interna e valore personale. Egli sperimenta se stesso solo come parte piccolissima di una grande massa, il suo essere decade al livello dell'essere di un gregge. Gli uomini sono trascinati qua e là, senza pensare o volere chiaramente, sono spinti insieme o separati con violenza, come un gregge di pecore. Una banda piccola, ma armata, scaltra e sadica, sta in agguato dietro e avanti a te, alla tua destra e alla tua sinistra; ti stimola sempre, ti spinge avanti, ti ricaccia, gridando, menando calci con il tacco degli stivali, colpendoti con il calcio dei fucili. Ci pareva di essere come pecore di un gregge, che conoscono, pensano e vogliono una cosa: sfuggire agli attacchi dei cani e, quando le si lascia in pace, poter mangiare un poco. E come le pecore si spingono timorose al centro del gregge, così ognuno di noi desiderava arrivare al centro delle prime cinque file e, se possibile, al centro di tutta la colonna, per sfuggire più facilmente i colpi delle sentinelle che marciavano a fianco e in capo alla squadra, oppure dietro le ultime file. Inoltre, chi marciava al centro della colonna godeva il vantaggio, affatto spregevole, d'essere protetto dal vento. Così l'uomo nel campo di concentramento cerca alla lettera di "essere assorbito" dalla massa, non solo per una suggestione, ma anche, per più motivi, nella convinzione di salvarsi più facilmente. Lasciarsi "assorbire" in cinque, in file da cinque, è un compito che il prigioniero impara presto e meccanicamente »[2].

Pop e stadio

Tra le testimonianze di ragazzi riportate nel volumetto *Giovani pop* a proposito di coloro che partecipano sfrenatamente a spettacoli e festival pop c'è quella di Edoardo che, seppure lontana nel tempo, è ancora di attualità. « Purtroppo la maggioranza di essi — egli scrive — si riunisce solo per ascoltare musica e allora io resto deluso quando vedo la massa che si droga con la musica. Molti, infatti, si riuniscono per dimenticare il mondo che li circonda (fabbrica,

[2] V. E. Frankl, *Uno psicologo nei Lager* cit., pp. 91-92.

scuola, famiglia, ecc.), senza pensare ad alcuna soluzione per tutti i problemi esistenti. In questo caso il festival pop e la partita allo stadio assolvono alle stesse funzioni: scaricare le tensioni quotidiane anche attraverso la violenza o atti isterici, dimenticare per un giorno, un pomeriggio, tutto il resto. No, non sono gli interpreti dei giovani d'oggi, perché i giovani, purtroppo, sono divisi in tante categorie e ognuna di esse può dirsi interprete dei giovani... ma molti di essi si preoccupano soltanto di scappare da questa realtà. E c'è poi, purtroppo, la grande massa che segue le solite stupide cose e affoga sempre più nella mediocrità del vivere, senza preoccuparsi di niente »[3].

Una puleggia nella macchina

La nostra è una società di massa. I mezzi di comunicazione di massa sono i principali responsabili della mentalità e della cultura dei giovani d'oggi. I partiti politici sono divenuti pura burocrazia, per cui il cittadino non è altro che un numero statistico in un sondaggio d'opinione; gli economisti considerano l'individuo un consumatore da manipolare e da strumentalizzare attraverso la pubblicità sottile e penetrante; la direzione dell'industria lo vede come uno strumento da rimpiazzare con una macchina molto più efficiente e produttiva; i sindacati lo adoperano come una pedina nel gioco di contrattazione; le università lo maneggiano come una scheda perforata e lo spingono ad acquisire nozioni e capacità richieste

[3] C. Fiore, *Giovani pop*, Leumann 1973, pp. 136-137.

dal mercato per il mantenimento di delicati equilibri. Ecco perché Tillich vede l'uomo contemporaneo come « una puleggia nel complesso di una macchina universale alla quale deve adattare se stesso, per non essere schiacciato. Ma questo adattamento ne fa un mezzo per dei fini che sono essi stessi dei mezzi ai quali manca un fine ultimo. Il risultato di questa situazione chiusa dell'uomo nella società industriale è l'esperienza del vuoto e dell'assurdità, della disumanizzazione e dell'estraniamento »[4]. Accettando i modelli culturali, cedendo al conformismo, adattandosi al crescente livellamento dei valori, aderendo al pluralismo quale alibi per un qualunquismo morale, si viene perdendo la specificità di ciascuno, il contributo unico e originale che ogni uomo è chiamato a portare alla società, all'umanità.

L'epifania del volto

Mentre Levinas pone il primato dell'« epifania del volto », del dono che viene fatto dallo sguardo dell'altro, spezzando in tal modo il sogno di ridurlo a un oggetto visibile e utile, la tipologia psicologica, con l'atteggiamento naturalista che vede solo uniformità piatta e monotona, pretende di esaminare le caratteristiche fisiche e biologiche per poter creare uno schema in cui inserire modelli e tipi validi universalmente. In tale prospettiva si è considerati solo per il proprio appartenere al « tipo meridionale » oppure al « tipo picnico » oppure al « tipo atletico » o al « tipo intellettuale ». Non è che si dubiti di tali ricerche. Piut-

[4] J. B. Fabry, *Introduzione alla logoterapia* cit., p. 102.

tosto è da evitare il dogmatismo che ne può scaturire. Dopo aver inserito un individuo in determinate classificazioni, lo si costringe a essere "così" come è stato una volta, e non potrà essere altrimenti.

Il padre della psicologia umanistica americana, Gordon W. Allport, è dell'opinione che, « per quanto possa essere logico tracciare una scala uniforme per l'ascendenza-sottomissione, il procedimento è quanto meno approssimativo. Dopo tutto vi sono infinite varietà di dominatori, di capi, di aggressori, di seguaci, di arrendevoli, di timidi. La scala non individua, né può individuare, le lievi sfumature dei tratti negli individui. Esistono molti aspetti della personalità rispetto ai quali la gente, nell'ambito di una data cultura, può essere ragionevolmente messa a confronto. Oltre l'ascendenza-sottomissione, possiamo ricordare la loquacità, il radicalismo, l'avarizia, l'asocialità, l'ansia, il bisogno di affermazione, il pregiudizio razziale e centinaia di altre dimensioni. I tratti comuni, quindi, sono quegli aspetti della personalità rispetto ai quali la maggior parte della gente, nell'ambito di una data cultura, può essere utilmente messa a confronto. Quanto al realismo, dovrebbe ora essere chiaro che si esercita maggiore violenza sulla struttura della personalità di Giovanni costringendolo in categorie uniformi di tratti che considerandolo un individuo a sé stante, tentando quindi di scoprire i vari sistemi interni della sua vita personale »[5].

[5] G. W. Allport, *Psicologia della personalità*, trad. it. Roma 1969, p. 289.

Scaturisce allora una situazione conflittuale tra giovani e società: tentativo di emarginazione dei giovani da parte della società oppure scelta di autosegregazione da parte dei giovani stessi. Sembra che i giovani abbiano preso coscienza del pericolo di disumanizzazione insito tragicamente nella dinamica della società di massa. Spezzato il modello standard del giovane borghese, integrato, asettico, camaleonte dinanzi a qualsiasi impegno, è nato un nuovo tipo di giovane, con forti interessi sociali, capace di far fronte a situazioni disparate, pronto a sacrificare giorni e notti pur di rendere agli altri i propri inalienabili diritti, pur di rendere abitabile il "pianeta Terra".

Al di là di qualunque classificazione, di qualsivoglia massificazione spersonalizzante, riluce la propria esistenza nuda, il confronto diretto con se stesso nell'intimità della propria coscienza. È l'anelito all'originalità, al momento unico e irripetibile che ciascuno vive, alla singolarità che mette ognuno dinanzi alla propria nudità esistenziale. E in questa epifania di te stesso ti scopri con gli altri, con il gruppo, con la famiglia, con la comunità. Ma non come classe sociale, come tipo o membro di una razza.

« Quanto più un uomo è differenziato — afferma Frankl — tanto meno egli corrisponde alla regola, sia nel senso della media che in quello dell'ideale; anzi si può dire che la sua singolarità riposa appunto nel fatto che si è scostato dalla media o dall'idealità. Perciò l'importanza di tale personalità è sempre in rapporto alla comunità. Come la pietruzza del mosaico acquista valore solo in riferimento all'intero mosaico, così il significato di una singolarità personale riposa nell'importanza ch'essa assume nel tutto sovraordinato. È per questo che il senso dell'esistenza umana supera gli stessi confini della persona, per inserirsi in quelli più ampi della comunità.

« La socialità dell'uomo — prosegue Frankl — oltre che un aspetto affettivo, di "condizione", ne ha un altro: essa esprime il "compito" che il singolo deve assolvere tra e con gli altri. Dal dato di fatto biologico-psicologico dell'uomo inteso come *zôon politikón*, emerge un'istanza etica cui è chiamato a rispondere. Ma non è soltanto l'esistenza del singolo che abbisogna della comunità per acquistare un pieno significato; anche la comunità ne acquista dalla presenza e dall'azione del singolo. In questo la società si differenzia dalla pura massa. La massa infatti non sopporta la singolarità ed è per questo che l'esistenza umana non può mai trovare compiutamente il suo senso in essa. Se è lecito paragonare il rapporto che intercorre tra il singolo e la sua comunità con quello tra pietruzza e mosaico, il rapporto tra il singolo e la massa può allora paragonarsi a quello che intercorre tra un lastrone di pietra di misura normale e una strada lastricata, ove ogni lastrone può essere agevolmente sostituito con altro uguale. In questo caso la qualità della lastricatura non subisce dal cambio alcun danno, giacché qui il tutto (e cioè la lastricatura) non è in realtà un tutto, ma semplicemente una grandezza: la monotona pavimentazione di una strada non ha nemmeno più il valore estetico di un mosaico, ma soltanto il valore d'utilità. Ed è infatti così: la massa non conosce che l'utilità dell'uomo: non il suo valore, non la sua dignità »[6].

[6] V. E. Frankl, *Logoterapia e analisi esistenziale* cit., pp. 114-115.

La comunità si costruisce

« Rifugiandosi nella massa, l'uomo perde ciò che è più essenziale al suo esser uomo, alla sua umanità: cioè la sua responsabilità. Non appena, infatti, uno agisce come fosse soltanto la parte di un tutto e quando in questo tutto si identifica, immediatamente avverte il sentimento di essersi liberato di ogni responsabilità. La ragione del collettivismo riposa appunto in questa tendenza a sfuggire i compiti a cui siamo chiamati come singoli. La massa è una somma di esseri spersonalizzati »[7], dice Frankl.

La veridicità di questa affermazione può essere facilmente riscontrata. Basta guardare le migliaia di tifosi nel corso di un derby o a un incontro di boxe, oppure gli scalmanati partecipanti a un festival rock o i passivi dimostranti nel corso di un comizio di un qualsiasi "papavero". Si perde completamente la singolarità, la propria libertà, per uniformarsi pedissequamente alla massa, al gregge. L'istinto di gregarismo prende il sopravvento e l'individuo scompare. La pubblicità, la propaganda elettorale, la cultura di massa minano alla radice l'espressione originale di ciascuno. Un posto di lavoro, una professione, un impegno strategico sono spesso motivo sufficiente per discriminazioni di ogni genere, trampolino per lanciarsi contro chiunque voglia affermare la propria inalienabile libertà.

La massa esiste. La comunità si costruisce. E questo grazie alla responsabilità dei singoli. Occorre che io sappia vedere oltre la razza, la professione, la provenienza etnica, il bagaglio culturale, affermando l'al-

[7] *Ibid.*, p. 117.

tro, promuovendolo, rispondendo all'appello che mi viene dalla sua esistenza, non un'esistenza che è per me l'inferno, un pericolo, una minaccia, ma un'esistenza che è valore, serenità, pace sofferta ma umana. Un'esistenza che invoca il riconoscimento dei propri diritti fondamentali, di un sistema di giustizia e di diritto, che includa tutte le forme concrete, materiali e sociali, di promozione degli altri. Quindi solo una comunità di uomini responsabili è in grado di creare strutture adeguate per un incontro esistenziale, aperto al tempo e alla storia, invece di strutture conflittuali, capaci solo di aggressività o, per lo meno, di indifferenza.

Solo due "razze" umane

« Non avvelenare l'aria che gli altri devono respirare »: è la più importante regola di vita, alla base di una comunità di uomini maturi e responsabili. Ed è un discorso che realmente mi fa ritrovare, nel deserto, con la mia nudità, con la mia unica esistenza. Un discorso che è vita. E fu vita nei Lager, quando perfino tra le SS si trovarono esempi di altruismo, di generosità, di servizio agli internati. Un discorso che sconfessa qualunque catalogazione, qualunque tipologia. « Si può trovare bontà umana in tutti gli uomini — scrive Frankl —, dunque persino nel gruppo che sarebbe certo assai semplice condannare in blocco. I confini s'intersecano. Non dobbiamo giudicare sbrigativamente, considerando angeli gli uni e diavoli gli altri. Al contrario: restare umani di fronte agli internati, essendo sentinelle e sorveglianti, fuggendo alla suggestione generale della vita di un Lager, è una vera conquista personale ed etica, e non la si può sminuire. D'altro canto, la bassezza di un internato che fa del male ai suoi compagni di dolore è particolarmente spregevole... Sulla terra esistono soltanto due razze umane, e solo queste due: la razza degli uomini "per bene" e quella dei "poco di buono". Queste due "razze" sono diffuse ovunque, penetrano e s'infilano in tutti i gruppi. Nessun gruppo è composto esclusivamente da persone per bene o esclusivamente da "poco di buono". In questo senso non esiste dunque un gruppo di "razza pura": e per l'appunto, vi furono persone per bene anche tra le sentinelle »[8].

Vivere per gli altri

Se è nella socialità che il giovane trova uno spazio di autentica scelta di fronte alle discordanti ideologie, se è la comunità il luogo privilegiato di costruzione della personalità, ciò lo si realizza in un rischio continuo: nel rischio di dimenticarsi per gli altri, di voler per prima l'esistenza del tu, di volere il suo sviluppo autonomo, di fargli posto, il posto che gli spetta. Basta guardarsi intorno: le comunità-alloggio organizzate, per esempio, dal Gruppo Abele, in cui si punta alla responsabilizzazione effettiva di tutti, senza distinzione tra chi è "educatore" e chi è "ragazzo/a da educare" perché porta con sé esperienze di carcere, di droga, di prostituzione; le decine e decine di comunità terapeutiche che offrono amicizia sincera, condivisione e serenità a quanti chiedono una mano per

[8] V. E. Frankl, *Uno psicologo nei Lager* cit., pp. 143-144.

poter uscire dal tunnel della tossicodipendenza. Sono esperienze di vera comunità, in cui tutti sono impegnati in attività di ricerca, di lavoro, di studio. Vera comunità di persone responsabili, in cui ciascuno si esprime con libertà e coraggio, nell'accettazione reciproca.

L'uomo esiste con gli altri, vive per gli altri. La comunità allora è un interrogativo, una sfida. Per essere autentici, responsabili. Una sfida per essere uomo tra gli uomini, persona originale e unica, e non un'automobile di serie, sia pure di marca.

NON SIAMO UNA SCIMMIA NUDA

Viviamo in un'epoca in cui dominano gli specialisti che analizzano segmenti della realtà, col rischio, però, di non cogliere l'uomo in una visione unitaria, ma da una sola angolazione, e di erigere questa visione unidimensionale a metro totale dell'uomo. - Essere uomini significa soprattutto la possibilità di andare al di là di tutti i condizionamenti, al di là di se stessi, cioè la capacità di autotrascendersi.

« Tra religione, filosofia della vita e schizofrenia esistono vistose coincidenze nelle manifestazioni esterne; se proviamo ad allinearle su una tavola, osserviamo che utilizzano per giunta le medesime denominazioni. Questa coincidenza autorizza il sospetto di un'origine comune, la quale consiste effettivamente nell'ansia di castrazione. A difendersi da questa, che si presenta nell'un caso o nell'altro come timor di Dio o paura dei fantasmi, si usano nelle pratiche religiose meccanismi analoghi a quelli impiegati allo stesso scopo dallo schizofrenico. Anche nelle concezioni cosiddette materialistiche della vita compaiono gli stessi fenomeni, perché anche in questi si dà ansia di castrazione »[1]. Così si espresse J. von Zedwitz al congresso della Società Tedesca di Psichiatria, tenuto a Bad Neuheim nel 1970, esplicitando una forte tendenza presente nella cultura psicologica contemporanea, quella di mescolare una spiegazione di fenomeni psicopatologici con la giustificazione approfondita e scientifica di dinamismi autentici della vita umana.

Goethe psicoanalizzato

Un altro clamoroso esempio. Uno psicoanalista che va per la maggiore dà alle stampe due poderosi volumi su Goethe. Il *Journal of Existentialism* ne affida la presentazione critica a J. Heuscher, il quale così commenta: « Per tutte le 1538 pagine, l'autore ci presenta il ritratto di un genio con le stigmate di disturbi maniaco-depressivi, paranoici ed epilettici, omosessualità, incesto, voyeurismo, esibizionismo, feticismo, impotenza, narcisismo, nevrosi coatta, isteria, mania di grandezza e così via. L'autore sembra limitarsi a studiare quasi esclusivamente la dinamica degli istinti soggiacente all'opera d'arte, e ci vuol far credere che la produzione goethiana sia l'effetto di fissazioni pregenitali. La sua lotta non serviva, secondo lui, a nessun ideale di bellezza né ad alcun valore, bensì al tentativo di superare la propria eiaculazione

[1] V. E. Frankl, *Der Wille zum Sinn*... cit., p. 148.

precoce... »[2]. È un salto ardito, operato sotto l'abbacinante lusinga dell'introspezione. Ma è un salto nel buio unidimensionale, che oscura la realtà umana nel suo complesso e nella sua misteriosità per dirigere i riflettori su un solo elemento, su un'unica dimensione.

Scuotendosi di dosso la polvere pietistica di pessimistici tempi passati, l'uomo scientifico di oggi si effonde in elogi al progresso tecnologico e si prostra, in maldestre genuflessioni, davanti a chiunque avanzi proposte o interpretazioni indagabili con il bisturi o il computer. Scrive Frankl: « L'epoca in cui viviamo è caratterizzata dalla presenza crescente degli specialisti, i quali ci presentano aspetti e prospettive particolari della realtà. Tuttavia, preso dalle singole branche dei risultati scientifici, il ricercatore non scorge più il complesso groviglio della realtà. Inoltre, i risultati non sono solo particolari, ma anche altamente disparati, così da rendere molto difficile il ricondurli a una visione unitaria del mondo e dell'uomo. La ruota dello sviluppo, comunque, non può girare all'inverso. In un momento storico improntato a uno stile di lavoro in *équipe* è meno che mai possibile fare a meno degli specialisti. Il pericolo però non si cela tutto nella crescente specializzazione, quanto nella generalizzazione, verso cui i ricercatori spingono i risultati ottenuti. Sono noti i *terribles simplificateurs*. Accanto a essi bisogna ora porre i *terribles généralisateurs*. Mentre i primi vogliono semplificare tutto a ogni costo, riportando ogni cosa a un'unica forma, i secondi non si fermano a un solo effetto, ma ne fanno una generalizzazione indebita. In quanto neuro-

[2] J. Heuscher, *Book Review*, in *Journal of Existentialism*, 5 (1964), p. 229.

logo, sono d'accordo che è del tutto legittimo considerare il computer come un modello per il sistema nervoso centrale. Andremmo però errati se affermassimo che l'uomo è nient'altro che un computer. L'uomo è un computer, ma è anche al tempo stesso infinitamente più che un computer »[3].

L'aeroplano e i topi

Un aeroplano non cessa di essere tale quando si trova sulla pista di lancio oppure nell'hangar per essere sottoposto a revisioni o riparazioni. Tuttavia la sua vera natura di aeroplano diventa chiaramente manifesta quando si alza in volo. Nel caso dell'uomo, invece, presi dalla smania dello scientismo, si capta solo l'uomo misurabile, ossia l'uomo sfigurato, scaduto al di sotto di se stesso e trasformato in oggetto, un uomo determinato da processi fisico-chimici o cibernetici. Un uomo decapitato. Le ricerche sulle basi organiche della personalità umana hanno un indubbio valore, ma l'uomo è diverso dal salmone, che è "programmato" dalla natura per tornare al luogo di nascita a deporvi le uova, o dal cane, al quale possiamo imporre il "programma" di emettere saliva quando suoniamo un campanello che è associato all'idea del cibo.

Olds e Milner hanno condotto ricerche interessanti per scoprire le reazioni di alcuni topi ai quali erano stati introdotti nel cervello degli elettrodi: spingendo una levetta posta all'interno della gabbia dove si trovavano, essi chiudevano un circuito elettri-

[3] V. E. Frankl, *Logoterapia e analisi esistenziale* cit., p. 47.

co, la cui conseguenza era il fatto che veniva procurata loro una tale eccitazione in alcune zone del cervello da far provare la soddisfazione di aver ingerito cibo buono e abbondante oppure di essere in una fase intensa di orgasmo. Quando, con il progressivo apprendimento programmato, i topi ebbero imparato il meccanismo di chiusura del circuito, si osservò un fatto strabiliante: essi spingevano la levetta fino a cinquantamila volte in un sol giorno, pur di provare l'intensa eccitazione sessuale oppure il godimento piacevole del cibo. È chiaro che non ingerivano alcun cibo in quel periodo, come pure non erano presenti le compagne sessuali che avrebbero giustificato il loro orgasmo. Quando furono realmente posti a contatto con gli alimenti e con le loro partner, essi continuarono a provocare l'eccitazione artificiale con la chiusura del circuito elettrico, trascurando così gli oggetti veri del loro desiderio.

Nella loro dimensione puramente istintiva, i topi non manifestano alcuna capacità di resistere alla "programmazione" naturale. Ma a nessuno verrà in mente di trasporre le medesime categorie all'uomo, giudicandolo in prospettiva riduzionista, quasi fosse a un'unica dimensione. Si rischierebbe di trovarsi dinanzi a una « scimmia nuda », secondo il titolo del noto bestseller di Morris, dinanzi a un uomo orizzontale, unidirezionale, espulso dall'orbita delle decisioni perché « dominato dalla forza dei miti, guidato dalla pubblicità organizzata, sia essa ideologica o no », come afferma Paulo Freire.

Al di là della programmazione, l'uomo si ribella alla prospettiva di ridurre tutto al comune denominatore degli istinti. L'arte viene definita come « unità nella molteplicità »; Frankl preferisce definire l'uomo come « unità nonostante la molteplicità. Infatti c'è un'unità sottile a livello umano, nonostante le comprensibili differenze ontologiche, nonostante le differenze tra i diversi modi di essere. La caratteristica dell'esistenza umana è appunto la coesistenza tra l'unità antropologica e le differenze ontologiche, tra il modo unitario di essere e le molteplici maniere con cui si partecipa all'essere »[4].

Il cilindro e Dostoevskij

Due leggi sottostanno in certo qual modo a tale concezione pluridimensionale.

Prendiamo un bicchiere: geometricamente è un cilindro, in proiezione laterale è un rettangolo, visto dall'alto è un cerchio. È chiaro che il bicchiere non si compone di un rettangolo e di un cerchio. Lo stesso è per l'uomo. Se lo si vede attraverso lo spettro della biologia, ne sono messi in risalto solo i fenomeni somatici, mentre la proiezione nel piano psicologico farà rilevare esclusivamente fenomeni psichici. Eppure, solo in una dimensione che comprenda le precedenti e le inglobi organicamente tutti i fenomeni acquisteranno il loro vero significato.

Prendiamo adesso un cilindro, un cono e una sfera, tutti dello stesso diametro. Proiettati sul piano di base, danno origine a tre figure che non sono in contrasto tra loro: tre cerchi, dei quali non si può dire nulla circa l'oggetto di cui sono la proiezione. « Se invece di immagini geometriche si prendono in considerazione i fenomeni di Fëdor Dostoevskij o di Ber-

[4] *Ibid.*, p. 52.

nadette Soubirous, proiettandoli nel piano psicologico, lo psichiatra vedrà necessariamente in Dostoevskij solo un epilettico qualsiasi e in Bernadette una isterica con allucinazioni visionarie. Non c'è altro da vedere dal punto di vista psichiatrico. Un tale ambito non coglie la prestazione artistica dell'uno e tanto meno la vicenda religiosa dell'altra. Sul piano psichiatrico ogni fenomeno resta ambiguo, a meno che esso lasci trasparire qualcosa che può stargli dietro o sopra, ossia il *logos*, che sta dietro il *pathos*, per poter individuare il significato di ogni sofferenza »[5].

Programmati e liberi

È vero allora che le scienze biologiche hanno scoperto che noi siamo "programmati" dalla costituzione genetica e determinati dalle funzioni endocrine, da reazioni chimiche e cariche elettriche; è vero che, secondo quanto ci dicono le scienze sociali, l'uomo è il prodotto di forze sociali ed economiche che lo manovrano come una pedina di un gioco di scacchi; è vero quanto ci rivela la psicologia, ossia che gli impulsi e gli istinti ci spingono ad agire indipendentemente dalla nostra volontà e che sottostiamo a vari processi che determinano il nostro comportamento. Però è soprattutto vero che « essere uomo significa andare al di là di se stessi. L'essenza dell'esistenza umana si trova nel proprio autotrascendimento. Essere uomo vuol dire essere sempre rivolto verso qualcosa, o verso qualcuno, offrirsi e dedicarsi pienamente a un lavoro, a una persona amata, a un amico cui si

[5] *Ibid.*, pp. 55-56.

vuol bene, a Dio con cui si vuol vivere in comunione. Tale autotrascendimento sorpassa di gran lunga una visione unidimensionale dell'uomo, visto come "monade" separata e sezionata ».

Ci troviamo così tuffati in una dimensione superiore, che comprende e ingloba quelle biologica, psicologica, sociologica, senza rinnegarle, ma valorizzandole e assegnando loro una certa gerarchia. In tale sfera, denominata da Frankl « noetica », risiede la capacità di sollevarsi al di sopra delle affezioni psicofisiche, di assumere un atteggiamento di fronte a qualsiasi condizione negativa. « È in vostro potere di uscire dal vostro essere colpevole di un tempo, a prescindere da quanto vi può essere successo nella vita », disse Frankl ai prigionieri di Saint-Quentin, facendo loro comprendere che qualcosa potevano ancora fare, anche in prigione, nonostante i loro handicap.

La donna grassa

Nel corso di una tournée in America capitò a Frankl di incontrare una donna che, per gravi disturbi endocrini incurabili, pesava più di 135 chili. Si vergognava di stare con gli altri, non era in grado di fare il benché minimo lavoro, il suo matrimonio era andato a rotoli. Sottoposta a trattamento psichiatrico, non aveva conseguito alcun vantaggio. Desiderosa di un incontro con Frankl, riuscì a parlargli per un'ora circa e, con grande meraviglia, si accorse come egli non prestasse che scarsa attenzione alle afflizioni che accusava. Piuttosto, Frankl le spiegò che la situazione era senza via d'uscita e bisognava accettarla come tale, e quindi era conveniente cercare tutto ciò che, nonostante il peso, le era ancora consentito di fare. « Non siamo responsabili per ogni assurdità che esiste in noi », le disse, facendole notare che lei già si trovava sulla buona strada: qualche altro, al suo posto, si sarebbe dato all'alcool o avrebbe tentato il suicidio. Prendendo la situazione come sfida, divenendo modello di comportamento per altre donne altrettanto grasse, sarebbe stata in grado di contrapporsi alla situazione, di ridimensionarla.

Incontrandola dopo qualche anno, Frankl trovò la donna serena, calma e dimagrita di ben quindici chili. Trattarla come una macchina guasta non sarebbe stato molto utile.

Il computer non ride

Bisogna illuminare la forza nascosta su cui far leva. « Il modo migliore per cacciar via il demonio è ridersi di lui », affermava Martin Lutero. Ebbene, il fenomeno così umano, così efficace dell'umorismo si comprende solo in una dimensione noetica. Nessun animale può ridere. E tanto meno un computer.

L'uomo non programmato è in grado di ridere di se stesso, delle proprie fobie. Distanziandosi da se stesso, prende distanza dai propri sintomi e, come afferma Allport, « il nevrotico che impara a ridere di sé può essere sulla via dell'autogoverno, forse della cura »[6].

Nel corso della sua decennale pratica clinica, Frankl ha rilevato che « per ottenere un distanziamento dai propri sintomi nulla è più idoneo dell'u-

[6] G. W. Allport, *L'individuo e la sua religione*, trad. it. Brescia 1972, p. 157.

morismo. Tentiamo allora questa via: proviamoci a togliere il vento alle vele della paura nevrotica. Se un ammalato di agorafobia si lamenta, ad esempio, di aver paura di uscire di casa, dell'ansietà che subito lo afferra appena è sulla strada, lo si inviti a rappresentarsi come se d'un tratto fosse colpito da una crisi così grave da stramazzare al suolo. Si porti, per dirla in breve, la sua paura ai limiti dell'assurdo. Lo si inviti senz'altro a dirsi: "Son caduto tante volte per la strada e anche oggi certamente cadrò". Capirà allora quanto poco la sua paura sia reale e quanto invece espressione di nevrosi: un altro passo sulla via del distanziamento. Imparerà così a porsi sempre più facilmente al di sopra del sintomo. Il mezzo dell'umorismo è infatti il più adatto per porsi al di sopra di qualsiasi situazione, per dominarla dall'alto del ridicolo. Si sorrida, se si vuole, di fronte a questo modo di rimescolare le carte in tavola, ne sorrida pure il malato: ma con questo sorriso avremo vinto con lui e per lui la sua battaglia »[7].

[7] V. E. Frankl, *Logoterapia e analisi esistenziale* cit., p. 211.

UN NANO PIÙ ALTO DEL GIGANTE

« L'uomo è un essere soltanto naturale, un prodotto di se stesso, della sua storia, della sua volontà, della sua mente », scrive un giovane a un settimanale. - Per Freud tutto è sotto il dominio dell'inconscio: studio, amore, arte, religione, politica. - L'uomo è solo un "apparecchio" meccanico, psichico? - Frankl, nano sulle spalle di un gigante, scorge un orizzonte più ampio dell'inconscio: vaste aree rimaste sconosciute, che ricevono luce e manifestano profonde ricchezze. - Al di là degli alberi delle menzogne della vita c'è la foresta della vita stessa.

« Mi chiedo, e chiedo pure a te, quando mai sarà possibile riconoscere al fatto sessuale, in qualsiasi forma, la naturalità di attività fisiologica senza trascenderlo in moralismi, pregiudizi o spiritualità. Mi chiedo quando mai sarà riconosciuto da tutti che far l'amore, col padre, la madre, il figlio, la cugina, la fidanzata, la prima persona che si incontra per la strada, il cane o i canarini o la sorella, è solamente svolgere una normale attività biologica... L'uomo è un essere soltanto naturale, un prodotto di se stesso, della sua storia, della sua volontà, della sua mente ».

Non è uno studioso a scrivere, ma un giovane che indirizza le sue caotiche lettere allo psicoanalista che cura una rubrica su un diffuso settimanale. Alternativa radicale. Banale, squallida, insoddisfacente. Lo stato di natura come unica forma di vita. Codici morali, religiosi, artistici da ostracizzare.

« Io mi sono sempre trattenuto al pianterreno e nel sotterraneo dell'edificio. Lei afferma che, se si cambia punto di vista, si riesce a vedere anche il piano superiore, nel quale abitano ospiti così distinti come la religione, l'arte e altri ancora... In questo Lei è conservatore, io rivoluzionario. Se avessi ancora una vita di lavoro davanti a me, oserei indicare a questi "illustrissimi" un posticino nella mia bassa casetta. Per la religione l'ho già trovato, da quando mi sono imbattuto nella categoria di nevrosi dell'umanità »[1].

Questa volta non è un giovane a scrivere. Si tratta di un illustre ottuagenario. Rispondendo a Ludwig Binswanger, che tentava un'interpretazione esistenzialista della sua teoria, Freud ribadisce il suo atteggiamento deciso contro qualsiasi « piano superiore » in cui situare fenomeni quali l'amore, l'arte, la religiosità. Solo il basso. Questi nove decimi di iceberg determinano completamente quel pizzico di volontà, di coscienza, di responsabilità che ancora ci resta.

[1] L. Binswanger, *Erinnerungen an Sigmund Freud*, Bern 1956, p. 115.

Inesplorati tesori

Nel discorso pronunciato in occasione del suo settantesimo compleanno, Freud aveva osservato: « I poeti e i filosofi hanno scoperto l'inconscio prima di me; quel che ho scoperto io è il metodo scientifico che consente lo studio dell'inconscio ». Non gli si può dar torto. In quel favoloso e misterioso archivio che è la letteratura sono racchiusi inesplorati tesori: in essa si riflette la psiche umana, la realtà in cui viviamo. I tenui sospiri, le resistenze interiori, i travolgenti torrenti delle passioni vengono liricamente cantati dalla poesia di tutti i tempi. Freud, anche se con atteggiamento ambivalente e complesso, mette ogni cosa nel gran calderone dell'inconscio. Sorrisi, studio, amore, famiglia, arte, religione, politica: tutto è sotto il dominio dell'inconscio, di queste forze energetiche istintive che guidano l'attività e il pensiero. Per fortuna egli stesso un giorno, scherzando con gli amici, esclamò: « Ricordatevi, signori miei, che fumare un sigaro molte volte può voler significare soltanto fumare un sigaro ». È già una consolazione, anche se magra. Possiamo tirare un sospiro di sollievo.

« Tu non riesci a capire che, se l'uomo fosse un essere solo naturale, non ci sarebbero problemi se non banalmente pratici, così come problemi non hanno gli animali. Se tu parli e scrivi e combatti, è perché ti rivolgi con la parola, con lo spirito, con la suggestione a degli uomini, i quali, a loro volta, valutano, reagiscono, comprendono, discutono in base alla loro esperienza, al loro psichismo, alla loro coscienza e al loro inconscio. E tutto questo è cultura, storia, tradizione ». La risposta che lo psicoanalista dà al giovane lettore apre spiragli. Non tutto è perduto. Possiamo ancora sperare. In fondo l'uomo vale ancora qualcosa. E con lui gli altri, la società, la storia, il mondo, Dio.

Eppure, questo volersi fermare agli scantinati, ai bassifondi, ai meandri dell'animo umano per scovare traumi infantili, repressioni sessuali, forze impulsive sembra un voler tarpare le ali, un fermarsi a metà strada. Frankl utilizza un esempio chiaro: « Pensiamo a un fognaiolo, addetto alla pulizia e alla manutenzione dei canali e delle tubature sotterranee; orbene, che cosa vede egli della città? Unicamente le condutture dell'acqua e del gas, come pure le cabine dell'energia elettrica. Finché egli resta nel mondo dei suoi canali, non vede altro. Non conosce le università, le chiese, i templi, i teatri, i musei della città: non sa niente della vita culturale che in essa si svolge. Nei momenti di libertà e di riposo è egli in grado di apprendere tutto ciò, allorché si addentra per le strade della città, osservandone tutta la dinamica? Trovandosi nei canali, trattenendosi nelle fondamenta della città, ci si muove soltanto nel mondo dell'energia che alimenta la vita culturale. Ebbene, la vita culturale non consiste affatto in gas, corrente elettrica e acqua »[2].

La foresta della vita

Si comprende allora perché Frankl paragona la sua posizione nei riguardi di Freud a quella di un nano venutosi a trovare sulle spalle di un gigante, e solo per questo in condizione di vedere più lontano del

[2] V. E. Frankl, *Homo patiens. Interpretazione umanistica della sofferenza*, trad. it. Brezzo di Bedero 1979², p. 52.

gigante stesso. In tale posizione egli scopre un orizzonte più ampio nell'inconscio: vaste aree, rimaste sconosciute a Freud, che pian piano ricevono luce e manifestano tutte le loro profonde ricchezze. Non ci si ferma più agli alberi delle menzogne della vita, ma si scorge la foresta della vita stessa. Non capita come allo studente in medicina che, nel carezzare la mano della sua ragazza, ripassa le nozioni di istologia, miologia, angiologia... Egli commette un errore imperdonabile perché, come dice Van der Berg, « la mano della ragazza che egli ama non ha vasi, muscoli, ossa, e il contatto con essa è un contatto vero, vivo, appartenente all'ordine dell'esperienza preriflessiva, e cioè essenzialmente pratica, emotiva, vissuta ».

Impegnati in sciocche diatribe, si dimentica l'orizzonte umano in cui esse sono inscritte. Magia del naturalismo positivista. Quotidiano sconfinamento di sprovveduti cultori, di fanatici seguaci con mentalità scientista. Da Galilei a Cartesio a Freud, si è stati condotti al colossale sviluppo delle scienze naturali, tendenti ad assimilare l'uomo a un apparecchio meccanico, dapprima studiato affannosamente da anatomisti, fisiologi e patologi, con la tipica "rabbia di concludere" che caratterizzò l'esplosione del pensiero positivista del secolo scorso, poi, all'inizio di questo nostro secolo, considerato da Sigmund Freud come un "apparecchio psichico", di cui egli esplorò esclusivamente i dinamismi inferiori, derivandone un'interpretazione meccanico-causalistica che chiamò fortunosamente psicoanalisi. Dalla creatura concepita a immagine del creatore si era passati così a un uomo creatore che concepiva se stesso a immagine delle macchine che creava. Di qui l'*homunculismo*, che riduce l'uomo a un apparecchio istintivo, a un automa tutto riflessi, a un meccanismo animico, al prodotto di un sistema di rapporti produttivi. Di qui il fisicismo, che soggiace a tutte le teorie della proiezione, a quelle sul transfert, sulla repressione, sulla sublimazione, sulla carica e scarica affettiva, sulla tensione e distensione emotiva, sui conflitti psicodinamici, sulle compensazioni e supercompensazioni, e persino sull'insorgenza di archetipi junghiani, ridotti in ultima analisi a fenomeni fisico-chimici della struttura cerebrale.

La caduta degli dèi

Lo spirito scientifico-naturalista, che ha coniato la nostra cultura, porta con sé una rimarchevole disattenzione, se non disprezzo, all'uomo interiore, all'efficacia spirituale dell'uomo che abita nell'intimità e profondità di se stesso, ossia, come diceva Schrödinger della fisica, si disinteressa di dare una risposta alla questione decisiva di Plotino: che cosa sono io? Di fatto, lo spirito votato totalmente alla produttività non soltanto non risponde a questo quesito assillante, ma addirittura lo reprime, lo soffoca. Da qui il « disagio del culto », di cui parla Frankl, che l'uomo prometeico moderno dedica all'idolo della scienza.

Quella che Jaspers aveva chiamato « superstizione » del nostro tempo, cioè l'idolatria della scienza e della tecnica che tuttora fa presa su buona parte della popolazione mondiale, sintetizzata dalla formula « la felicità umana sarà il frutto saporoso del progresso scientifico o non sarà », ha generato le utopie più irrazionali, culminanti nella *rivoluzione inconscia* e in quella *sessuale*.

Oggi "l'idraulica della libido" ha segnato il passo, così come il magnetismo animale ha perso terreno. Ci troviamo dinanzi a un'autentica *rivoluzione psicologica*. La caduta degli dèi istintivi ha spianato l'animo umano. L'uomo non si riconosce più soltanto dominato da inconsce cariche impulsive, da pulsioni di vario genere a sfondo deterministico-naturalistico. Egli ritrova nell'inconscio un ancoraggio insperato. Dallo scrigno buio si sprigiona la luminosità del giorno. Dalle verità prefabbricate all'esperienza intima, personale, conquistata.

Dio sta scavando le fondamenta

È una carmelitana. Ha riportato nel diario i suoi momenti di turbamento e di depressione. Un autentico *document humain*.

« La tristezza è la mia unica compagna. Qualsiasi cosa io faccia, mi trascina giù come piombo sulla mia anima. Dove sono i miei ideali? Dove sono tutte le cose grandi, buone e belle alle quali aspiravo? Tutto è sparito! Mi resta solo lo sbadiglio della noia che riempie il mio cuore! Vivo come proiettata nel vuoto, e ci sono momenti nei quali il dolore stesso mi viene meno... In questa disperazione invoco Dio, Padre di tutto; ma anch'egli tace. Non mi resta che desiderare una cosa sola: morire, e oggi stesso, se fosse possibile! »

Dopo pochi giorni un capovolgimento, una "frustata copernicana": « Se non avessi la coscienza datami dalla fede che non sono padrona della mia vita, avrei tentato di finirla già tante volte. E proprio attraverso questa fede e questa coscienza l'amarezza del mio soffrire è immediatamente trasformata. Chi infatti presume che la vita consista nel procedere di successo in successo è come uno sciocco che sta dinanzi alla parete di un edificio e scuote il capo non comprendendo perché bisogna scavare tanto in profondità per porre le fondamenta di una cattedrale. Dio si costruisce un tempio in ogni anima e, nel mio caso, sta appunto scavando le fondamenta. Il mio compito è solo offrirmi perché possa scavare »[3].

Dio inconscio

Freud designò gli psicoanalisti come « incorreggibili meccanici e materialisti ». Egli stesso, infatti, affermò che spesso l'uomo non solamente è più morale di quanto non creda, ma anche *molto* più morale di quanto non pensi. E si potrebbe aggiungere: spesso è anche più religioso di quanto egli stesso non sospetti. Del resto, fu proprio Freud a parlare un giorno del « nostro Dio Logos... »

Frankl parla invece del « Dio inconscio », nel senso che « esiste una spiritualità inconscia, una moralità inconscia e una fede inconscia. Una tale fede è sovente giustamente inconscia nel senso di una religiosità repressa; ma la si potrebbe qualificare benissimo come religiosità timorosa. Occorre però stare in guardia di fronte alla falsa interpretazione della religiosità inconscia o, meglio, alla sua cattiva localizzazione. Essa non appartiene, infatti, alla sfera dell'inconscio impulsivo, ma a quella dell'inconscio spirituale. Io non sono spinto verso Dio, ma occorre che ogni volta mi decida pro o contro lui. Non vi è istinto re-

[3] Id., *Fondamenti e applicazioni*... cit., pp. 131-132.

ligioso, almeno nel senso in cui si potrebbe parlare come di un "istinto di aggressione", e non vi è neanche, all'interno della sfera della spiritualità inconscia, un istinto morale nel senso in cui vi è un istinto sessuale, per non parlare della fede inconscia. Io non sono spinto dalla mia coscienza: succede piuttosto che davanti alla mia coscienza io debba ogni volta decidere »[4].

Non sono prigioniero dei miei istinti. Non agisco solo per liberarmi dal pungolo del Super Io che provocherebbe in me dei rimorsi di coscienza. Sta volgendo al tramonto l'epopea mitologica degli istinti, come la chiama Freud stesso. All'orizzonte della vita umana, ridivenuta realmente tale, si delinea la realtà di un significato molteplice che stimola l'uomo ad agire, ad avventurarsi.

Un'immagine caricaturale

« L'antropologia psicodinamica ci ha presentato un'immagine dell'uomo sotto l'impulso dei suoi impulsi, di un uomo che si contenta di soddisfare i suoi impulsi e le esigenze dell'Es e del Super Io, di un essere concepito come compromesso fra le istanze dell'Io, dell'Es e del Super Io che entrano in conflitto. Questo abbozzo di immagine dell'uomo, quale viene presentata dalla psicologia dinamica, si oppone alla coscienza che l'umanità ha del suo essere uomo, e in particolare al carattere spirituale e all'orientamento originale e fondamentale dell'uomo verso il significato della propria esistenza. Questa immagine caricaturale dell'uomo lo sfigura e lo snatura »[5].

[4] Id., *Alla ricerca di un significato*... cit., pp. 95-96.
[5] *Ibid.*, p. 98.

Per confermare tale opinione di rivalutazione dell'inconscio, Frankl espone un caso clinico: « Mi presentano un signore sulla sessantina, colpito molto profondamente e sofferente di una *dementia* precocissima. Egli sente delle voci, ha dunque delle allucinazioni uditive, è talmente ripiegato su se stesso, passa tutta la giornata a strappare dei fogli e conduce così una vita apparentemente priva di alcun significato. Se ci limitiamo alle esigenze della vita quali le enumera Alfred Adler, il nostro paziente — questo "idiota", come lo si chiama — non ne svolge alcuna: egli non cerca di lavorare, è praticamente escluso dalla società, ogni manifestazione di vita sessuale, per non parlare di amore e di matrimonio, gli è negata. E tuttavia un fascino tutto particolare si sprigiona da questo uomo, dal cuore della sua umanità che la psicosi ha lasciato intatto: ci troviamo di fronte a un gran signore! La conversazione ci informa che di tanto in tanto egli è colto da una improvvisa collera, ma che è capace, all'ultimo momento, di dominarsi. Gli rivolgo allora press'a poco questa domanda: "Per amore di chi Lei cerca di dominarsi in quei momenti?", ed egli risponde: "Per amore di Dio..." »[6].

Un antico Veda indiano dice: « Ciò che vede non può essere visto. Ciò che ascolta non può essere ascoltato. Ciò che pensa non può essere pensato ». Allo stesso modo la dimensione spirituale, nel punto dove ha origine, si sottrae a ogni autosservazione, a ogni autoriflessione. Dove è veramente originaria, autenticamente "se stessa", essa è inconscia.

Continua Frankl: « La persona profonda, ossia la persona profonda spirituale, quella persona profon-

[6] *Ibid.*, p. 103.

da che sola merita di essere chiamata persona nel vero senso della parola, è irriflessa perché non suscettibile di riflessione, e in questo senso può anche essere detta inconscia. Mentre la persona spirituale fondamentalmente può essere sia conscia che inconscia, si può dire che la persona profonda spirituale è obbligatoriamente inconscia, e non solo facoltativamente. In altre parole: nella sua profondità, "nel fondo", lo spirituale è necessariamente, perché essenzialmente, inconscio »[7].

L'uomo-sfida

Non più l'uomo-cosa, l'uomo-oggetto, sfigurato, decapitato. Piuttosto, un uomo-sfida. Una sfida che viene dall'interno, dalla carica di responsabilità e di spiritualità. Una spiritualità che contiene « qualcosa come una religiosità inconscia, nel senso di una relazione inconscia con Dio, una relazione con la trascendenza che risulta immanente all'uomo, pure se ancora troppo spesso latente. L'inconscia fede dell'uomo che così si rivela significherebbe che Dio è inteso da noi già sempre in modo inconscio, e che noi abbiamo sempre una relazione intenzionale, anche se inconscia, con Dio. La nostra formula del Dio inconscio non vuole affatto dire che Dio in sé e per sé sia inconscio; piuttosto vuol dire che Dio è talvolta a noi inconscio, nel senso che la nostra relazione con lui può fermarsi al livello inconscio, può cioè essere repressa e quindi a noi stessi nascosta »[8].

[7] V. E. Frankl, *Dio nell'inconscio. Psicoterapia e religione*, trad. it. Brescia 1990^3, pp. 33-34.
[8] *Ibid.*, pp. 72-73.

Ci sarebbe il pericolo di leggere tra le righe vaghi accenni di panteismo, di occultismo e di istintivismo. Nulla di tutto ciò. « Oggi non ci rompiamo più il capo sull'avvenire di una illusione — prosegue Frankl. — Piuttosto riflettiamo volentieri sull'eternità di una realtà, sull'eternità e la presenzialità, anzi l'onnipotenza, di quella realtà che ci ha svelato la religiosità dell'uomo: una realtà nel senso empirico più stretto; una realtà, certo, che può anche restare o divenire inconscia, che può anche essere repressa. Proprio allora, in certi casi, è compito dell'analisi esistenziale di rendere attuale questa realtà spirituale inconscia sempre già presente »[9].

L'inquietudine del cuore ci attanaglia. Gli dèi istintivi cedono il posto alla conquista personale, sofferta e consapevole di una religiosità che può anche essere repressa ma che, nel momento in cui viene scoperta nella sua autenticità, diviene compito, impegno, rischio per la propria vita.

[9] *Ibid.*, p. 79.

EROTISMO E VIOLENZA

I giovani, continuamente e artificiosamente stimolati alla liberazione degli istinti, in realtà non hanno alcuna possibilità di raggiungere gli obiettivi e i modelli che vengono loro prospettati. Di qui la frustrazione e l'aggressività. - Essi rischiano di essere le vittime di una mercificazione a tappeto dei loro sogni. - Il permissivismo è contrabbandato per libertà e il risultato è una insoddisfazione che può generare violenza. Come uscirne?

Freud affermava il parallelismo tra *éros* e *thánatos*, tra amore e morte. Oggi ci guardiamo intorno: erotismo e aggressività, pornografia e violenza. Una *escalation* parallela che ci lascia perplessi, un Giano bifronte delle nostre contraddizioni e tensioni, il volto del sesso e il volto della brutalità. È un'eruzione vulcanica, una lava incandescente di violenza e sessualità insieme che preme alle porte delle nostre città. Siamo forse arrivati al « giorno della locusta », in cui le anonime folle californiane di Nathanael West, come locuste impazzite, tutto distruggono e finiscono con l'alimentarsi esclusivamente di « linciaggi, assassini, delitti sessuali, esplosioni, naufragi, case chiuse, incendi, miracoli, rivoluzioni, guerre »? Le tinte apocalittiche con cui lo scrittore statunitense delinea i tratti dell'America provinciale degli anni Trenta sono la realtà di oggi?

Visto che l'esplosione dei due fenomeni di erotismo e violenza sembra così sincronizzata e convergente, ci chiediamo se ci sia un collegamento sotterraneo tra di essi, se esista un fondo comune nell'inferno del vulcano. Quali le radici?

Non è facile dipanare una matassa tanto arruffata. È un dato di fatto, però, che gli stress cui siamo sottoposti oggi sono così intensi che provocano infinitamente più disfunzioni e squilibri sessuali che negli altri modelli di società. L'uomo del nostro tempo grida di aver buttato a mare i tabù, di essere finalmente libero. Ma forse non lo è mai stato così poco, poiché altri idoli sono emersi dai sotterranei dell'uomo a imporre più pesanti schiavitù. Il sesso, da luogo privilegiato di dialogo e di amore, è diventato pura ricerca di sensazioni edonistiche atomizzate, da valore costruttivo fecondo si è ridotto a forza disgregatrice e distruttiva. Frustrato sessualmente, incapace di comunicare e di amare, l'uomo diventa aggressivo e violento. Tra realizzazione sessuale e violenza c'è un misterioso equilibrio. Quando non si realizza sessualmente, l'uomo provoca lo scatenamento della violenza.

A caccia di modelli falsi

Nel corso di un dibattito promosso da un mensile, il dottor Luigi De Marchi, psicosessuologo, ha affermato: « Oggi viviamo in un mondo che non attinge mai alla liberazione profonda delle forze sessuali dell'uomo. Ci sono solo delle liberalizzazioni, come va di moda dire, delle permissività, che però non rappresentano la libertà. Ci troviamo spesso in presenza di persone angosciate, prigioniere, per le quali la permissività resta a livello cutaneo, non soddisfacente. Di qui un senso di alienazione che porta a una controndata di tipo fanatico ».

E tale fanatismo viene esasperato da tutta una vasta gamma di sollecitazioni, che trovano terreno adatto nella curiosità troppo a lungo repressa. Le serie di film di sesso all'italiana sono state costruite per attirare nelle sale un pubblico affamato. È stato un calcolo ben riuscito. Per non dire dei fumetti dai titoli promettenti.

Alla continua ricerca di modelli sessuali falsi (il maschio virilissimo e superdotato, la femmina insaziabile, che vuole subire tutto), i giovani finiscono con l'essere le vittime di una mercificazione a tappeto dei loro sogni. Tale mercificazione non avviene solo attraverso film e fumetti volgari. Spesso il messaggio è più indiretto, sottile. Attraverso la pubblicità, per esempio, si assiste alla continua erotizzazione degli oggetti, come l'accostare automobili di grossa cilindrata a corpi seducenti di donne. Nasce così tra i giovani la prima drammatica contraddizione: continuamente e artificiosamente stimolati al sesso, in realtà non hanno nessuna possibilità di raggiungere gli obiettivi e i modelli che vengono loro proposti. Per moltissimi inizia perciò la vana caccia alla "femmina sognata".

Mercificazione e liberazione solo apparente da un lato, angosce e paure frutto di immutati tabù dall'altro. Ne consegue un risultato sessuale distorto, impoverito, diventato un "genere di consumo" che tutti assaggiano con effetti che non possono essere soddisfacenti.

Giustamente allora uno psicosessuologo francese ha affermato: « L'uomo non è liberato. Lo è socialmente per quanto concerne la sessualità, ma non lo è interiormente. Anzi, è lontano, ben lontano dall'essere liberato ». E ciò alimenta l'incomprensione, l'incapacità di amare e di essere amato, l'impotenza a comunicare, tipica del nostro tempo, che si proietta nei surrogati e nelle compensazioni della pornografia e delle esplosioni di violenza.

Un serbatoio di violenza

Il secondo termine dell'indagine è la violenza. Viviamo in un mondo che è un serbatoio di violenza. I fatti che provocano i titoloni sui giornali non ne sono che la forma superficiale e macroscopica: non esiste solo la violenza delle guerre e delle guerriglie, dei sequestri di persona e degli attentati sanguinosi sui treni, nelle piazze, nelle banche, ma anche la violenza che subisce l'operaio in fabbrica, asservito alle esigenze e ai ritmi produttivi; la violenza delle tecniche pubblicitarie che eliminano la possibilità di scelta e di riflessione; la violenza bianca e razzista delle cliniche dove solo pochi ricchi possono essere ricoverati; la violenza viscida e disgustosa della politica clientelare; violenza nell'economia, nella società, sotto il bianco camice del medico, dietro la scrivania del redattore del giornale, al banco di vendita del supermarket.

Violenza è anche quella del giovane che, conquistata con i soldi di papà la moto potente che fa sbalordire gli amici e riempie gli occhi delle bamboline che ci stanno, passa con boati da guerriero per le strade della città, mettendo a dura prova i timpani, e più ancora i nervi, di chi ha la malaugurata sorte di passare o di trovarsi in quei paraggi.

Violenza è il terrorismo ideologico maneggiato da chi ha in mano i mass media più potenti (stampa, cinema, televisione, radio). Competitività, sfruttamento, oppressione, emarginazione, razzismo, manipolazione dell'uomo e della coscienza, distorsione dell'informazione, uno sviluppo perverso che sradica intere popolazioni disperdendole in fenomeni migratori e sconvolgendo antichi equilibri, il caos urbanistico con la creazione dei ghetti: sono tutti elementi di violenza secreti dalla nostra società in crescita disordinata.

I criminologi sono preoccupati per il salire della curva dei delitti, della piccola e della grande delinquenza. Mentre aumenta il numero dei drogati — questi "suicidi differiti" —, si accresce in misura notevole anche il numero dei suicidi giovanili "espliciti"[1].

Impressionante è, d'altra parte, la situazione di violenza urbana che caratterizza la già precaria situazione italiana. Nel caso di Roma, per fare solo un esempio, in poco tempo si è scardinata la facciata con-

[1] Una chiara trattazione di quest'ultimo problema si trova in E. Fizzotti - A. Gismondi, *Il suicidio. Vuoto esistenziale e ricerca di senso*, Torino 1991.

venzionale e letteraria di una città rumorosa, sì, ma pacioccona e tollerante, tutto sommato. Nel corso degli ultimi anni vi è stato un crescendo di criminalità che ha messo in agitazione la polizia, l'opinione pubblica e, ancor più, i privati, che temono perfino di fare due passi in centro. E gli esempi di una tragica *escalation* che sembra non volersi arrestare mai potrebbero continuare in una sequela altrettanto interminabile.

L'opinione di Fromm

Sul problema dell'aggressività e della violenza Erich Fromm si è espresso con estrema chiarezza. « Quando l'uomo non riesce ad amare, non riesce a esprimersi creativamente — egli ha scritto —, allora vuole distruggere. È la vita non vissuta che si vendica e si trasforma nel desiderio di distruggere. Perché oggi l'aggressività aumenta? Perché per la maggior parte delle persone la vita ha perso ogni significato. L'attuale società industriale europea ha raggiunto un enorme livello di prestazioni, ha fatto nascere enormi speranze rimaste in gran parte deluse. La speranza che si potesse essere felici, la speranza della libertà individuale. Che cosa vediamo invece? Gli uomini della società dei consumi sono annoiati, depressi, manipolati da un'autorità nascosta. Viviamo in un nuovo medioevo di illibertà, dal quale è più difficile liberarci di quanto non sia stato per l'uomo liberarsi dal Medioevo qualche secolo fa. È più difficile, perché allora l'uomo doveva liberarsi da autorità che agivano dall'esterno, una forza contro cui poteva combattere, mentre adesso deve liberarsi da una dipendenza mentale e intellettuale che lui stesso si è creata. Oggi c'è urgente bisogno di capire l'ambiguità del progresso, di creare una nuova sintesi tra progresso genuino e umanesimo radicale, di accorgersi che dobbiamo subordinare la macchina all'uomo. Porre l'uomo al di sopra delle cose, l'essere al di sopra dell'avere, la vita al di sopra di ciò che è morto e puramente meccanico, l'indipendenza al di sopra della fittizia libertà dell'uomo amministrato dalla burocrazia. Non si tratta di spezzare il sistema industriale. Abbiamo bisogno invece di un nuovo Rinascimento, un Rinascimento umano, un'epoca in cui le richieste etiche prevalgano sugli interessi materiali, una società costruita sul primato dell'umanità, sulla dedizione, sulla solidarietà, la giustizia, la riverenza alla vita »[2].

Le vere radici

Ma allora dove si annida la causa della violenza? Non basta appellarsi alle strutture politiche, al potere governativo, alla carenza di centri ricreativi e culturali, all'impossibilità di esercitare sport all'aria aperta o in palestre attrezzate, all'essere costretti a vivere in gabbie di cemento, frutto di un'indiscriminata speculazione edilizia, specie nelle grandi città. La causa non è solo in una società che trasuda violenza, in un sistema sociale che non presenta alcuna dimensione di vita significativa.

In una società in cui gli adulti hanno perduto la propria autostima, prostituendosi al dio denaro e al

[2] E. Fromm, *Analisi della distruttività umana*, trad. it. Milano 1985, p. 548.

dio sesso, il giovane, "emigrante della vita", non trova un modello di comportamento che soddisfi le sue più profonde aspirazioni. I giovani hanno tanta vitalità che, se non trovano da creare, cioè da utilizzare questa vitalità in modo creativo, distruggono, perché in qualche modo devono pur utilizzare la loro energia. Perciò gli episodi di violenza urbana che ormai tutte le grandi città conoscono non sono semplicemente manifestazioni di criminalità comune, ma nascondono esigenze e verità più serie.

Alla ricerca di un senso

Dinanzi alla mancanza assoluta di autentiche e valide motivazioni che possano illuminare il senso della vita, i giovani si sentono "macinati" in un presente disperato, quindi scivolano nella frustrazione e nella noia, primo passo verso il suicidio non solo fisico, ma anche morale.

Che cosa vuol dire ciò? Che non basta parlare all'uomo solo degli istinti che deve soddisfare, dei bisogni che deve calmare, delle eccitazioni che deve eliminare, dell'aggressività che deve scaricare. Senza dubbio tutto ciò esiste nell'uomo, ma non è tutto qui. C'è qualcosa di più. All'uomo bisogna parlare con il linguaggio che gli è proprio, con il linguaggio della decisione, della responsabilità, della libertà di attuare un compito personalmente affidatogli. Nell'uomo bisogna saper cogliere la radicale capacità di andare oltre se stesso, di lanciarsi negli spazi sconfinati della realtà, il coraggio di affrontare e vincere la noia e l'apatia, l'indifferenza e la mancanza di iniziativa con una lotta che è superamento, percependo il senso dell'altrui presenza non soltanto nella sua dimensione sessuale, ma anche nella sua profonda realtà esistenziale, amando la vita, ponendo in azione la capacità di modificare il proprio comportamento e, di conseguenza, la società in cui l'uomo vive.

Nel deserto sociale i giovani rischiano di non aver nulla da fare. Mancando loro un fondamento decisamente umano, contestati nelle aspirazioni più pure, mistificati nelle esigenze più sacre e alte, gettano via la vita come se fosse un abito già consumato che non val neppure la pena di riassettare. « A che serve la vita? », si chiedeva un positivista suicida ottuagenario. È triste, è tragico che una simile assurda conclusione sgorghi non come epilogo di un lungo errore, ma come negazione di una esistenza ancora in germe. La violenza dei nostri giorni e la ricerca ossessiva del sesso per il sesso sono per tutti noi una sfida a riscoprire l'umanità, una umanità in cerca di se stessa, in cerca di motivi validi e significativi per andare avanti, per crescere, per amare di più, per sperare di più.

IL SESSO FRUSTRATO SI CURA CON L'AMORE

Essere uomo vuol dire autotrascendenza, cioè superamento di sé e orientamento verso i valori. La volontà di significato è la motivazione primaria della condotta umana e la sua mancanza è causa di nevrosi. - L'inflazione sessuale è frutto del vuoto esistenziale: spersonalizzare le relazioni sessuali vuol dire la morte dell'amore. - La sessualità umana si disumanizza quando se ne abusa come mezzo di piacere o unicamente al fine della procreazione, invece di considerarla ciò che è, ossia espressione dell'amore. - Intervista a Viktor E. Frankl.

Amore e matrimonio: due realtà in reciproca connessione, soprattutto da quando si è preso a parlare di "matrimoni d'amore", superando la visione del matrimonio come contratto, come affare stipulato da parenti o amici, mentre le due "povere vittime" erano completamente all'oscuro di tutto. Il matrimonio, oggi, fonda la sua realizzazione (se non proprio la sua durata) sull'amore. Stando a quanto ha avuto modo di rilevare il sociologo Helmut Schelsky[1], i matrimoni d'amore sono un'acquisizione recente. Si può dunque asserire che l'amore costituisce la condizione e la premessa per un matrimonio che possa dirsi felice. Rimane solo l'interrogativo se la felicità, fondata sull'amore, duri anche nel tempo. In altri termini, l'amore costituisce una condizione necessaria per la felicità matrimoniale, ma ciò non vuol dire che sia anche una condizione sufficiente.

L'attualità di tale problema mi ha spinto a interpellare uno dei più famosi psichiatri viventi, a contatto continuo con le vicende vitali che coinvolgono le profonde motivazioni alla base dell'esperienza umana. Viktor E. Frankl, infatti, in decenni di esperienza clinica, ha avuto modo di accostare varie sfaccettature del problema amore-matrimonio, e quindi può dire un'autorevole parola che aiuti non solo a comprenderne le profonde dinamiche, ma anche a fornire elementi per una riflessione nuova, al fine di progettare un modo nuovo di essere nell'amore[2].

Intervista a Viktor E. Frankl

— *Professor Frankl, che cos'è l'amore? Pensa che sia realmente nient'altro che sessualità « repressa », come riteneva Freud, e che quindi debba essere ricondotto effettivamente solo alla sublimazione di energie sessuali impulsive?*

Tale è l'opinione del riduzionismo, secondo cui ogni fenomeno viene convertito in puro epifenome-

[1] Cfr. H. Schelsky, *Il sesso e la società*, trad. it. Milano 1960.
[2] L'intervista che segue è avvenuta a Vienna il 23 gennaio 1985.

no, derivandolo da altri fenomeni. Siffatta credenza, però, non poggia su dati empirici, bensì su una ben precisa concezione dell'uomo la quale, a dire il vero, non viene espressamente dichiarata, ma tacitamente presupposta. Essa è contrabbandata sotto la forma di tentativi di spiegazioni apparentemente scientifiche.

Se non vogliamo costringere un fenomeno quale l'amore nel letto di Procuste, sulla base di una qualsiasi ottica unilaterale, secondo uno specifico indottrinamento, ma vogliamo comprenderlo in tutta la sua pienezza, allora l'interpretazione psicoanalitica appare del tutto insufficiente: si richiede un'analisi fenomenologica.

In tale ambito, l'amore si presenta come un fenomeno squisitamente umano. Esso, cioè, risulta essere uno dei due aspetti di ciò che chiamo « autotrascendenza dell'esistenza umana ». Intendo riferirmi alla caratteristica, prettamente antropologica, secondo la quale essere uomo vuol dire essere orientato sempre verso qualcosa che sta al di là di se stesso, qualcosa di diverso da se stesso. Qualcosa o qualcuno: un significato da realizzare o una persona da incontrare.

Solo nella misura in cui l'uomo si trascende in queste due dimensioni realizza se stesso: quando punta a una cosa o quando ama un'altra persona. In altre parole: l'uomo è realmente tale solo se si dona totalmente a una cosa o a una persona. E diviene integralmente se stesso solo quando si supera e si dimentica. Basti pensare alla bellezza di un bambino che viene fotografato all'improvviso, senza che se ne accorga, mentre gioca con spontaneità e immediatezza!

— Lei parlava della persona da incontrare. Bisogna allora definire l'amore come un incontro?

L'incontro è una relazione con un partner riconosciuto e accettato come persona. Ciò vuol dire che egli non viene utilizzato come mezzo per raggiungere uno scopo. Basti ricordare in proposito il secondo imperativo categorico di Kant, per il quale all'essenza e all'agire dell'uomo appartiene il non essere mai degradato a puro mezzo per raggiungere uno scopo.

Ciò nonostante, l'amore mi sembra faccia un passo avanti rispetto all'incontro. Esso, infatti, comprende il partner non solo nella sua totale umanità, ma anche nella sua unicità e singolarità, come persona originale e irripetibile. L'uomo è persona non soltanto in forza del fatto che è uomo tra gli altri, ma pure perché è diverso rispetto a tutti gli altri. E appunto in questo suo essere diverso rispetto a tutti gli altri risalta l'unicità e la singolarità. Proprio nel momento in cui chi ama comprende l'altro come essere unico e singolare si instaura la relazione io-tu.

— *Lei accennava poco fa all'orientamento della persona verso qualcosa di diverso da sé, oltre che verso un'altra persona.*

Intendevo riferirmi all'altro aspetto dell'autotrascendenza, ossia al superamento di sé nell'orientamento verso un significato, verso valori. La formulazione teoretica la si ritrova nel concetto di « volontà di significato ». A tale proposito mi richiamo ai risultati di un'accurata ricerca statistica, durata ben due anni e pubblicata dalla più alta autorità statunitense nel settore della ricerca psichiatrica, il *National Institute of Mental Health*. In essa si constata che tra le migliaia di studenti interpellati, appartenenti a 48 diverse università americane, il 16 per cento vede come scopo da raggiungere *to make a lot of money*, guadagnare quanto più danaro possibile, mentre il gruppo più rilevante (il 78 per cento) desidera *to find a meaning and a purpose in my life*, trovare un significato nella propria vita.

Secondo gli psichiatri Kratochvil e Planova, la volontà di significato costituisce una motivazione *sui generis* e, come tale, non è riducibile ad altre motivazioni (riduzionistiche) né può essere da esse dedotta. Lo stesso Abraham H. Maslow, fondatore del movimento della « psicologia umanistica », è giunto al punto di considerare la « volontà di significato » come la motivazione primaria che sta alla base della condotta umana.

Purtroppo, ai nostri giorni avvertiamo quanto tale volontà di significato sia ampiamente frustrata. Sempre più noi psichiatri — e questo anche nei Paesi dell'Est e in zone in via di sviluppo — ci troviamo confrontati con il sentimento di mancanza di significato, prima ancora che con il sentimento di inferiorità descritto da Adler, per quanto riguarda l'insorgere delle nevrosi. Un tale sentimento di assurdità e di mancanza di significato è congiunto a un senso di vuoto interiore, che solitamente definisco « vuoto esistenziale ».

Ebbene, solo in questo vuoto esistenziale può attecchire la libido sessuale. In tal modo, e solo così, si è in grado di spiegare l'inflazione sessuale che oggi ci ha assalito. E come avviene per ogni inflazione, anche in campo monetario, essa è associata a una svalutazione. La sessualità viene svalutata perché è stata disumanizzata. Il sesso umano, infatti, è sempre qualcosa di più del mero sesso. E ciò nella misura in cui è espressione di una relazione d'amore.

Ma questo non lo si dice unicamente della sessualità umana. Irenäus Eibl-Eibesfeldt[3] ha evidenziato che in alcuni vertebrati le forme di comportamento sessuale spesse volte sono finalizzate alla coesione del gruppo. È il caso dei primati che vivono in gruppo: la copulazione del babbuino mantellato, per esempio, serve talvolta esclusivamente a questo scopo.

Di conseguenza, rileva Eibl-Eibesfeldt, nell'uomo l'unione sessuale non solo serve alla procreazione, ma è anche relazione monogamica tra i partner. Ciò vuol dire che l'amore rappresenta una relazione individualizzata al partner e contraddice al continuo scambio di partner. Eibl-Eibesfeldt non ha alcun timore ad affermare che in questo senso l'uomo è disposto, per natura, a una relazione duratura, secondo il modello matrimoniale. Tutto ciò porta a stare in guardia dinanzi al pericolo di "spersonalizzare" le relazioni sessuali, il che significherebbe la morte dell'amore.

— *Da quanto lei dice si può concludere che l'amore è un fenomeno umano per sua natura, mentre l'umanizzazione del sesso è il risultato di un processo di sviluppo lento e graduale.*

È così. Noi psichiatri osserviamo continuamente che la sessualità, laddove cessa di essere espressione d'amore e si trasforma in mezzo per ottenere il piacere, fallisce miseramente. Va tutto a favore di un miglioramento del piacere sessuale il non isolare e il non disintegrare la sessualità separandola dall'amore, e quindi disumanizzandola. Ecco perché la sessualità deve essere sempre umanizzata.

Per chiarire ciò, partiamo da un concetto desunto da Sigmund Freud: la differenza tra fine istintivo

[3] Cfr. I. Eibl-Eibesfeldt, *Amore e odio. Per una storia naturale dei comportamenti elementari*, trad. it. Milano 1971.

e oggetto istintivo. Se nella pubertà avviene lo sviluppo e la maturazione della sessualità nel senso vero della parola, si determina, quale « fine istintivo », la scarica di tensioni sessuali accumulate, scarica che in nessun caso deve essere provocata sotto forma di atto sessuale: per questo basta la masturbazione. Solo a un gradino ulteriore di sviluppo e di maturazione sessuale subentra un « oggetto istintivo ». Si mira a un partner qualsiasi: per questo basta una prostituta.

È chiaro che a questo livello la sessualità non è ancora assunta nel piano propriamente umano, non è stata del tutto umanizzata. Infatti sul piano umano il partner non diviene un oggetto: rimane un soggetto e, soprattutto, non può più essere usato come mezzo per uno scopo, lo scopo di soddisfazioni istintive (tanto meno lo scopo di guadagnare il piacere). Ciò, ovviamente, non esclude che il piacere venga ugualmente raggiunto quando l'uomo non si preoccupa di ghermirlo.

— *Che cosa succede se l'uomo, nel corso del suo sviluppo e della sua maturazione sessuale, si ferma al primo o al secondo gradino, oppure "regredisce" a un gradino inferiore?*

Se egli si trova ancora al primo gradino e vuole giungere all'atto sessuale senza il fine istintivo, si aiuta con l'onanismo e avverte quindi il bisogno della pornografia. Se invece non è riuscito a superare il secondo gradino, tale "fissazione" si esteriorizza nella promiscuità, e in ogni caso si serve della prostituzione.

Ne deriva che tanto il bisogno della pornografia quanto il bisogno della prostituzione, come pure quello della promiscuità, vengono diagnosticati quali sintomi di ritardo psicosessuale. L'industria del piacere sessuale si preoccupa di esaltarli, presentandoli come "indice del progresso". L'industria dell'informazione, mentre grida contro l'ipocrisia, è ipocrita più di tutti perché, invocando libertà dalla censura, in fondo pensa alla libertà di fare affari e di guadagnare soldi.

Purtroppo, da tutto ciò nasce una forte pressione verso la consumazione sessuale, che porta con sé una crescente frequenza dei disturbi della potenza. Tali disturbi sono di solito provocati dal fatto che l'uomo avverte l'atto sessuale come una prestazione che deve dare, richiesta e pretesa dalla partner. E questo, ancora una volta, non succede solo tra gli uomini, ma anche tra gli animali. Konrad Lorenz riferisce di una lotta tra pesci femmine: non erano civettuole in occasione dell'accoppiamento, ma con forza nuotavano verso il maschio. Di riflesso, questo rimase del tutto paralizzato nell'apparato della riproduzione.

— *Da quanto lei dice risulta che ai nostri giorni l'industria dell'informazione si impone sempre più, offrendo all'uomo e alla donna schemi e griglie di comportamento non sempre umanizzati.*

Dagli anni Settanta a oggi si è notato, statistiche alla mano, che l'indice di impotenza tra giovani studenti sale sempre più. Gli psichiatri riconducono ciò al fatto che le donne, in forza della libertà sessuale conquistata nei confronti di tabù e inibizioni, chiedono ed esigono che gli uomini offrano delle prestazioni tali da soddisfarle in misura sempre maggiore. Ma la conquista della libertà sessuale è realmente tale solo se è vissuta in termini di responsabilità, superando il condizionamento culturale e schemi preconcetti.

C'è di più. Dicevo che la sessualità umana si disumanizza allorquando se ne abusa quale mezzo per raggiungere il piacere. Ma se ne abusa in maniera non minore se la si ritiene unicamente un mezzo per la procreazione, invece di considerarla ciò che è: espressione d'amore. Ecco perché in questi ultimi anni gli americani distinguono tra *recreational sex* e *procreational sex*.

La concezione dell'amore finalizzato unicamente alla riproduzione è in via di completo superamento. Era forse valida in un'epoca storica in cui non solo il matrimonio d'amore costituiva un'eccezione, ma vi era normalmente anche una eccessiva mortalità infantile. Oggi ci troviamo in una situazione opposta: i problemi demografici sono a conoscenza di tutti e a disposizione si ha la pillola. Essa, però, può contribuire a umanizzare la sessualità solo se liberamente posta a servizio della procreazione, solo se sottratta al servizio coatto. A queste condizioni la sessualità può divenire realmente il coronamento dell'amore.

VANGELO E LOGOTERAPIA

A confronto con l'uomo che soffre

Anche la sofferenza può dare un significato alla vita. Anzi essa non rappresenta semplicemente una possibilità qualsiasi, bensì la possibilità di attuare il supremo valore, l'occasione per conferire pienezza al significato più profondo della vita. Quando, al di là della volontà di piacere e della volontà di potenza, incontriamo la volontà di significato, ci appare, come qualcosa che va oltre il significato della creatività e il significato dell'amore, il significato della sofferenza.

Queste righe costituiscono la sintesi del volume *Homo patiens*, una delle opere di Viktor E. Frankl. Frankl è ebreo, ma ciò non toglie che la sua sia una fede viva, ancorata alla fede dei padri, e attenta a percepire la profonda e significativa voce di Colui che è divenuto l'uomo dei dolori. Proprio nella sofferenza mi pare si possano trovare i maggiori e più significativi punti di contatto tra il Vangelo e la concezione antropologica di Frankl.

Presentando una triplice suddivisione di valori, lo psichiatra viennese pone al vertice della gerarchia i valori di atteggiamento nei riguardi della sofferenza. Ciò non vuol certo dire che la sofferenza sia identificabile con tale tipo di valori. Piuttosto egli intende affermare che l'uomo può realizzare questi valori anche, forse soprattutto, nella sofferenza. Tuttavia è da dire che la gamma di valori di atteggiamento si estende al di là della semplice sofferenza, indirizzandosi al comportamento generale che l'uomo assume di fronte a situazioni di contrarietà, di incomprensione, di avversità. Un comportamento umano di fronte alle forze che restringono le possibilità di vita dischiude infatti un nuovo regno di valori che si possono annoverare tra i più elevati. Un'esistenza pur impoverita di valori creativi e di esperienza può così realizzarne altri, sia pure di altra categoria.

L'*homo patiens*, secondo Frankl, è fondamentalmente e dimensionalmente diverso dall'*homo faber*. Mentre questi si muove sulla linea di un'etica del successo, inserito in una società basata sulla produzione e sulla creazione di beni di consumo, l'uomo che soffre, innalzandosi al di sopra della situazione penosa in cui si trova e volgendo i suoi interessi al di là del successo e dell'insuccesso, trova l'appagamento in sé anche nel fallimento più completo. Piuttosto che nel soffrire, bisogna allora cercare il significato nel *come* si soffre, perché nel *come* si porta una sofferenza si trova la possibilità di significato.

Alla luce evangelica la sofferenza di cui parla Frankl acquista una intonazione e una illuminazione nuove, perché viene pervasa dal significato redentivo della Croce. La lettura attenta e personale della tragedia dell'umanità, incarnata nel Cristo crocifisso, è un paradosso, uno scandalo, un controsenso. Eppure solo la sofferenza del Cristo lascia sprigionare i torrenti di grazia capaci di ridare all'uomo la fiducia nella vita e la speranza nel significato del suo dolore.

Ecce homo

Con queste parole Pilato presenta alla folla ossessionata e invasata dei Giudei il corpo flagellato, torturato, sputacchiato e incoronato di spine del Cristo. Sembra quasi voler dire: « È costui ancora capace di nuocere? Serve ancora accanirsi contro un corpo così ridotto agli estremi? ». Eppure, ancora oggi, dopo tanti secoli, ci sono uomini che continuano a essere torturati, flagellati, distrutti, crocifissi.

Cristo è l'uomo che ha dimenticato se stesso, perciò è ridotto così. « Noi l'abbiamo rifiutato e disprezzato come un uomo pieno di sofferenze e di dolore, come uno che fa ribrezzo a guardarlo, che non vale niente, e non lo abbiamo tenuto in considerazione » (Is 53,3).

« Se il seme di frumento non finisce sottoterra e non muore, non porta frutto. Se muore, invece, porta molto frutto » (Gv 12,24). « Solamente chi si perderà per una cosa guadagnerà il suo autentico Io »[1].

Quanto più l'uomo cerca disperatamente di ottenere la felicità, tanto più fallisce nel suo scopo e diventa ipocondriaco. La pace dell'anima, che dovrebbe rappresentare il ristabilimento della buona coscienza, diventa allora intenzione e, proprio per questo ca-

[1] M. Scheler in V. E. Frankl, *Alla ricerca di un significato*... cit., p. 73.

povolgimento dei fini, essa resterà frustrata. Invece di rimanere un effetto, la coscienza buona viene a costituire uno scopo da raggiungere. La coscienza, invece, è buona nella misura in cui l'uomo, dimenticando se stesso, comincia ad agire per amore di una causa o di qualcuno. Una tale concezione è altamente evangelica. L'invito del Signore « chi cerca di conservare la propria vita la perderà; chi è pronto a sacrificare la propria vita per me la ritroverà » (Mt 10,39) è in netta corrispondenza con la dottrina di Frankl. L'uomo è per sua essenza un essere che si trascende. Egli ha un bisogno interiore di non fermarsi a se stesso, di non limitarsi a una visione biologica, psicologica, ma di attingere le profondità del suo essere nel dono disinteressato di sé agli altri. Il suo impegno per amore di qualcosa costituisce, oltre che un valore oggettivo in se stesso, anche un forte elemento di igiene mentale. « La via dell'uomo verso se stesso — scrive Frankl — passa attraverso il mondo; solo in ciò che è al di fuori di se stesso l'uomo si ritrova. L'uomo non esiste per autosservarsi, per rispecchiare la sua immagine, ma per concedersi, per abbandonarsi, per offrirsi in conoscenza e amore »[2].

Ho sete!

Il Cristo si fa voce di tutta l'umanità sofferente, fa suo il grido di ogni sofferente.

La sua è sete di giustizia: non c'è giustizia in un mondo in cui milioni di uomini nuotano nell'abbondanza, mentre altri milioni di uomini muoiono di fa-

[2] V. E. Frankl, *Teoria e terapia delle nevrosi*... cit., p. 180.

me. Un mondo in cui ancora ci si uccide. Un mondo in cui alcuni sono "più uguali" degli altri.

La sua è sete di verità: c'è sete di verità nei giovani. C'è sete di verità nella scuola, in cui è necessaria l'accettazione delle persone e delle diversità dei ruoli e il rispetto reciproco, la volontà di collaborazione, di corresponsabilità, di dialogo. Si vuole conoscere la verità su se stessi per non vivere nell'illusione e nella falsità. Si vuole conoscere la verità sulle cose, sulle situazioni, sulla storia. Si vuole conoscere la verità delle persone in rapporto alle cose.

La sua è sete di bontà. Gandhi ha detto: « Datemi un popolo che creda nell'amore e voi vedrete la felicità su questa terra ». E Luther King ha aggiunto: « Abituate un popolo a dominare l'istinto della vendetta e ad accettare le avversità e voi avrete un'autentica nazione di uomini liberi, non un popolo di gorilla vestiti col mitra a tracolla ».

Tutto è compiuto

È l'ultimo grido del Cristo che ha terminato la sua missione, ha realizzato pienamente tutte le sue possibilità. Non ha altro da fare. Ci ha dato l'esempio facendosi obbediente fino alla morte, e alla morte di croce. Ha raccolto in quest'ultimo grido tutto ciò che è avvenuto e lo ha consegnato a noi. Tutto è finito. Che resta? Solo l'amore infinito dell'Uomo-Dio.

Scrive Carlo Carretto: « A che pro la nostra fatica? la nostra tensione? il nostro fare? Che resterà di tutta la città terrena? Ecco, resterà l'amore. Scomparirà la casa, resterà l'affetto che ci ha legati. Scomparirà l'officina, resterà il sudore con cui ci siamo guadagnati il pane. Scompariranno le rivoluzioni umane, resteranno le lacrime versate per la giustizia. Scomparirà il nostro vecchio corpo, resteranno le stigmate del nostro sacrificio e le ferite dei nostri combattimenti »[3].

Scomparirà la sofferenza, resterà il significato che ognuno avrà dato al proprio dolore e a tutte le cose. Il messaggio di Frankl è più attuale che mai. L'*homo patiens* non è un'astrazione, ma la realtà dolorosa di ogni giorno. Il medico, il terapeuta, lo psicologo e il sacerdote sono quotidianamente posti a confronto con i dolori più inumani e più inconcepibili. Eppure proprio in queste situazioni umanamente disperate essi devono aiutare il sofferente a scoprire il significato più alto. La speranza cristiana avvalora e conferma una tale interpretazione. Nel momento della morte il cristiano non dispera, perché sa che lo stesso Cristo ha sofferto ed è morto per lui e che la redenzione da Lui apportata gli assicura, con certezza assoluta, la significatività del dolore più incomprensibile.

[3] C. Carretto, *Al di là delle cose*, Assisi 1970, p. 28.

BIBLIOGRAFIA

Una bibliografia completa in lingua italiana su Frankl e la logoterapia è stata di recente pubblicata in Fizzotti E. - Carelli R. (a cura di), *Logoterapia applicata. Da una vita senza senso a un senso nella vita*, prefaz. di V. E. Frankl, Brezzo di Bedero 1990, pp. 201-229. Ai fini della presente edizione viene riportato solo l'elenco, ulteriormente aggiornato, dei volumi di e su Frankl.

Bazzi T. - Fizzotti E., *Guida alla logoterapia. Per una psicoterapia riumanizzata*, Roma 1986.

Del Core G., *Giovani, identità e senso della vita. Contributo sperimentale alla teoria motivazionale di V. Frankl*, prefaz. di E. Fizzotti, Palermo 1990.

Fabry J. B., *Introduzione alla logoterapia*, prefaz. di V. E. Frankl, trad. it. Roma 1970.

Fizzotti E., *Angoscia e personalità. L'antropologia in Viktor E. Frankl*, prefaz. di C. Di Biase, Napoli 1980.

Id., *La logoterapia di Frankl. Un antidoto alla disu-*

manizzazione psicanalitica, prefaz. di T. Bazzi, Milano 1974.

Id., *Nel cavo della mano*, prefaz. di A. Ronco, Brezzo di Bedero 1990[2].

Fizzotti E. - Carelli R. (a cura di), *Logoterapia applicata. Da una vita senza senso a un senso nella vita*, prefaz. di V. E. Frankl, Brezzo di Bedero 1990.

Fizzotti E. - Gismondi A., *Il suicidio. Vuoto esistenziale e ricerca di senso*, Torino 1991.

Frankl V. E., *Alla ricerca di un significato della vita. Per una psicoterapia riumanizzata*, prefaz. di E. Fizzotti, trad. it. Milano 1990[3].

Id., *Dio nell'insconscio. Psicoterapia e religione*, prefaz. di E. Fizzotti, trad. it. Brescia 1990[3].

Id., *Fondamenti e applicazioni della logoterapia*, prefaz. di E. Fizzotti, trad. it. Torino 1977.

Id., *Homo patiens. Interpretazione umanistica della sofferenza*, prefaz. di E. Fizzotti, trad. it. Brezzo di Bedero 1979[2].

Id., *La sofferenza di una vita senza senso. Psicoterapia per l'uomo d'oggi*, prefaz. di E. Fizzotti, trad. it. Leumann 1987[4].

Id., *Logoterapia e analisi esistenziale*, prefaz. di D. Cargnello, trad. it. Brescia 1953; 1972 seconda ed. completamente rielaborata, 1977[4].

Id., *Psicoterapia nella pratica medica*, prefaz. di M. Gozzano, trad. it. Firenze 1974[4].

Id., *Psicoterapia per tutti. Conferenze radiofoniche sulla psichiatria*, prefaz. di E. Fizzotti, trad. it. Roma 1986[2].

Id., *Teoria e terapia delle nevrosi*, prefaz. di E. Fizzotti, trad. it. Brescia 1962; 1978 seconda ed. completamente rielaborata.

Id., *Un significato per l'esistenza. Psicoterapia e umanismo*, prefaz. di E. Fizzotti, trad. it. Roma 1990[2].

Id., *Uno psicologo nei Lager*, prefaz. di G. W. Allport, G. Marcel e G. Torellò, trad. it. Milano 1991[6].

Froggio G., *Un male oscuro. Alcolismo e logoterapia di V. E. Frankl*, prefaz. di E. Fizzotti, Milano 1987.

Lukas E., *Dare un senso alla vita. Logoterapia e vuoto esistenziale*, prefaz. di E. Fizzotti e V. E. Frankl, trad. it. Assisi 1986[2].

Id., *Dare un senso alla sofferenza. Logoterapia e dolore umano*, prefaz. di K. Popielski, trad. it. Assisi 1988[2].

Id., *Dare un senso alla famiglia. Logoterapia e pedagogia*, prefaz. di J. B. Fabry, trad. it. Milano 1987.

Id., *Prevenire le crisi*, prefaz. di E. Fizzotti, trad. it. Assisi 1991.

Romeo U. - Bonardelli F. (a cura di), *Viktor Frankl a Messina nel ventesimo dell'Associazione COSPES*, Messina 1990.

INDICE

Stampa: 1992
Nuova Oflito s.r.l. Mappano (Torino)
Printed in Italy